사진으로 보는
해인사 · 팔만대장경

사진으로 보는
해인사 • 팔만대장경

글 법보종찰 해인사 • 사진 이형준

터치아트

책머리에

어느덧 무더운 여름이 지나가고 가을의 기운이 가야산을 물들입니다.
가을 산색은 홍류동천의 절경을 더욱 빛나게 하고 맑은 하늘은 오색 빛으로
가야산하를 장엄하고 있습니다. 이 모두가 부처님의 화현이며 장광설처럼
느껴집니다.

팔만대장경을 조성한 지 천 년이 되는 해에 해인사의 세계문화유산인
팔만대장경의 우수성과 아름다움을 드러내고 해인사의 사계절을 기록한 책을
발간하게 되어 반가운 마음 금할 수 없습니다.
사진을 찍은 이형준 작가는 3년여 간 해인사의 곳곳을 오가며 숨겨진
아름다움을 담아내었고 춘하추동, 밤낮을 가리지 않고 발품을 팔아 그동안
금기시됐던 스님들의 생활과 세계문화유산인 팔만대장경을 기록으로 남기기
위해 많은 노력을 기울였습니다. 또한 해인사의 수행, 교육, 생활, 행사 등의
최근 사진을 생동감 있게 기록하여 비교적 오늘의 해인사를 잘 드러내었다고
생각합니다.
700년 전 선조들이 세계 최고의 출판원본인 대장경을 조성하여 그 시대의 문화,
예술, 종교, 사회적 기록들을 팔만대장경에 드러냈듯이 뒤늦게나마 오늘의
해인사와 대장경을 사진으로 남길 수 있어 감개무량합니다.
이형준 작가가 오랜 기간에 걸쳐 작업한 대장경 관련 사진과 해인사의 절경들,
2011 오늘의 해인사를 사진으로 만나 보십시오.

해인사를 아름다운 기록으로 남겨 주신 이형준 작가와 많은 어려움을 감내하며
출판을 해주신 터치아트 진영희 대표께 감사드리며 앞날에 더 큰 영광과 행운이
가득하시기를 축원합니다.

2011년 9월
법보종찰 해인사 주지 선각 합장

차례

책머리에 … 009
가야산 해인사 … 016
화엄종찰 해인사 … 017
고려대장경과 해인사 … 018
일주문 … 024   봉황문 … 026   해탈문 … 032

고려대장경과 장경판전

고려대장경 … 039
장경판전 … 058
고려대장경 이운 행사 … 094

수행·예불공간

대적광전 … 106
대비로전 … 122
해인총림선원 … 128
해인사승가대학(궁현당·진영전·관음전·화장원) … 138
명부전 … 142   정수당 … 146   선열당 … 148
응진전 … 142   퇴설당 … 146   해인사 3층석탑 … 151
독성각 … 144   해행당 … 148   석등 … 151

종무·신행공간

구광루 … 156
범종각 … 162
사운당 … 174
청화당 … 175
보경당 … 176
정대불사 … 178
무생계 수계법회 … 184
1029 천도법회 … 194

해인사 산내 암자 및 명소

고불암 … 200
길상암 … 201
백련암 … 202
용탑선원 … 203
홍제암 … 204
원당암 … 205
지족암 … 208
청량사 … 209
희랑대 … 210
국일암 … 211
약수암 … 212
보현암 … 213
금강암 … 216
금선암 … 217
삼선암 … 218
해인사 성보박물관 … 220
길상탑 … 222
해인사비림 … 224
영지 … 227
외나무다리 … 229
마애석불 … 230
수미정상탑 … 232
학사대 … 234
농산정 … 236
해인사 소리길 … 238

해인사는 한국의 옛 가람 중에서 그 배치가
두드러지게 아름다운 절이다. 절의 초입에 있는
일주문에서 시작하여 법보전까지 일직선을 그리며
놓인 여러 문들과 전각들을 가운데에 놓고,
그 양쪽으로 당우들이 들어섰는데, 다른 절에서는
찾아볼 수 없는 정형의 아름다움을 간직하고 있다.
해인사의 사상적 바탕인 화엄사상을 토대로 지어진
가람 배치로 더욱 조화로운 형식미를 갖추고 있다.

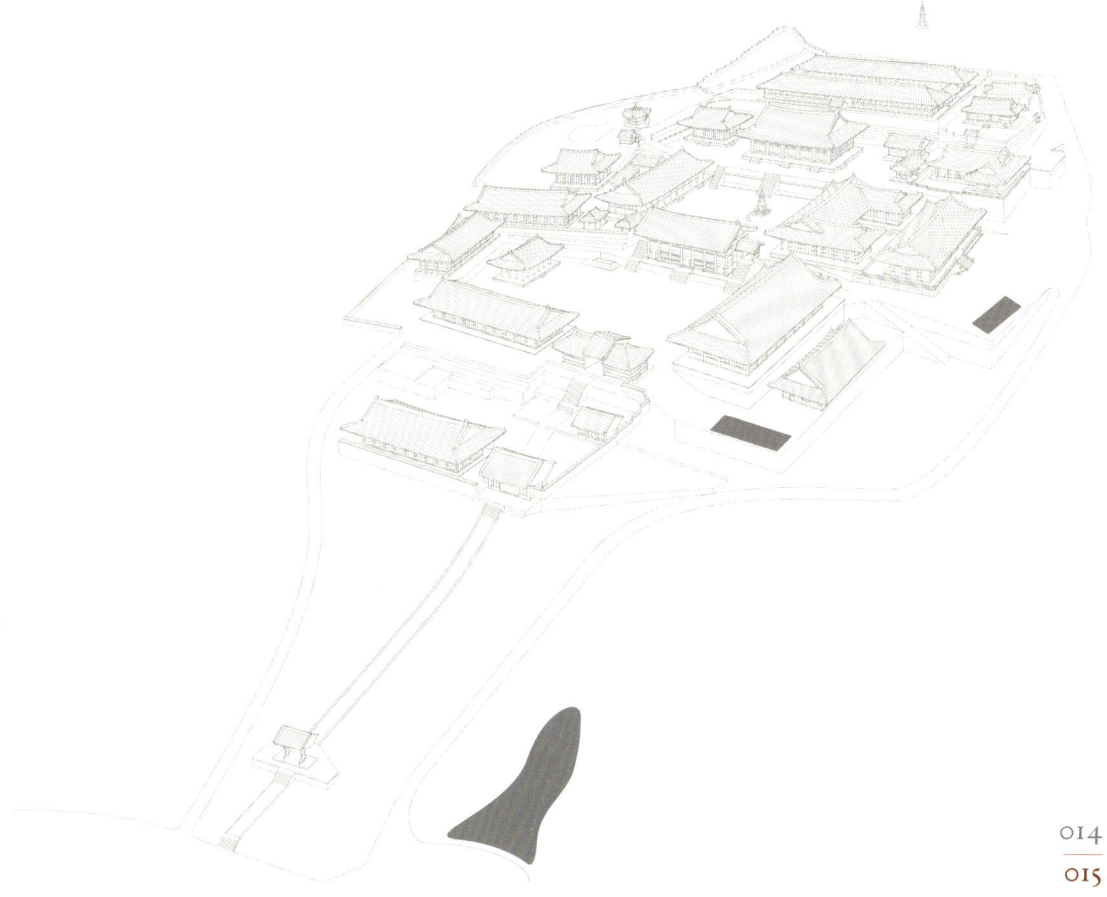

伽倻山 海印寺

가야산 해인사

법보종찰法寶宗刹 해인사는 불보사찰佛寶寺刹 통도사, 승보사찰僧寶寺刹 송광사와 더불어 한국의 삼대 사찰로 꼽힌다. 해인사는 한국 화엄종의 근본도량이자 우리 민족의 믿음의 총화인 고려대장경을 모신 사찰로서 한국인의 정신적인 귀의처요, 이 땅을 비추는 지혜의 등불이 되어 왔다.

경남 합천군 가야면 치인리에 자리 잡은 해인사는 지리적으로 경남과 경북이 서로 잇대어 있는 지역이다. 해인사를 품고 있는 가야산은 북으로는 성주와 고령, 남으로는 거창과 합천의 네 군 사이에 우뚝 솟아 경상도를 남북으로 가르고 있으며, 또한 충청, 경상, 전라의 세 도가 서로 경계를 이루는 대덕산을 그 서쪽에 두고 있다.

먼발치에서도 수려한 산세가 한눈에 들어오는 가야산은 높이가 해발 1,430미터이고, 넓이는 3,828 정보에 이르는 큰 산이기도 하려니와 예로부터 경치가 아름다워 해동海東의 십승지十勝地로 일컬어졌다. 적송, 잣나무 같은 늘 푸른 나무며 철따라 빛깔을 달리하는 여러 활엽수가 온 산에 울창한가 하면, 기암괴석이 장관을 이루고, 그 사이로는 말 그대로 맑고 푸른 벽계청수碧溪淸水가 쉼 없이 흘러내린다. 특히 해인사 앞자락을 굽이쳐 도는 홍류동 계곡은 우리나라에서 여덟 곳의 빼어난 경치 가운데 으뜸이라는 명성처럼 그 어디에서도 볼 수 없는 멋들어진 계곡 풍경을 철따라 운치 있게 펼쳐내고 있다. 이렇듯 빼어난 명산 가야산에 해인사가 터를 잡은 모습을 일러 행주형국行舟形局이라 하니, 이는 큰 바다에 배가 가고 있는 모양이라는 뜻이다. 가야산의 이런 지형은 일찍이 신라의 이름난 선비 고운孤雲 최치원이 찬탄하였듯 가야산이 명산 가운데 명당임을 잘 드러내 준다.

화엄종찰 해인사

華嚴宗刹 海印寺

해인사는 신라시대에 화엄종을 확립시키고 널리 전하여 정신적 토대를 삼기 위해 세워진 화엄십찰華嚴十刹 가운데 한 곳이다. 화엄종의 근본 경전인 화엄경의 본래 이름은 대방광불화엄경大方廣佛華嚴經이며, 대승경전의 최고봉, 동양문화의 정수로 알려져 있다. 화엄경에 '해인삼매海印三昧'라는 구절이 나오는데, 해인사의 이름은 바로 이 '해인삼매'에서 비롯되었다.

해인삼매는 진실한 세계를 한없이 깊고 넓은 바다에 비유하여, 거친 파도 곧 중생의 번뇌 망상이 멈출 때 비로소 우주의 갖가지 참된 모습이 그대로 물속에[海] 비치는[印] 경지이다. 이렇듯 참된 세계가 바로 부처님의 깨달음의 모습이요, 우리 중생의 본래 모습이라는 것이 곧 해인삼매의 가르침이다.

해인사는 화엄종의 정신을 바탕으로 해동 화엄종의 초조初祖 의상 대사(義湘大師, 625~702년)의 법손法孫인 순응順應 화상과 그 제자인 이정理貞 화상이 신라 제40대 임금 애장왕 3년(802년)에 왕과 왕후의 도움으로 지금의 대적광전 자리에 창건하였다.

이리하여 화엄종은 개화기를 맞던 신라시대를 거쳐, 해인사를 중심으로, 희랑希朗 대사를 위시하여 균여均如, 의천義天과 같은 빼어난 학승들을 배출하기에 이른다.

고려대장경과 해인사

高麗大藏經 海印寺

해인사를 일러 법보종찰이라 하는 것은 고려대장경 곧 팔만대장경이라고도 불리는 무상법보無上法寶를 모시고 있는 까닭이다. 고려대장경을 흔히 '팔만대장경'이라고 하는 까닭은 장경 판수가 팔만여 장에 이르는 데에서 비롯되기도 했지만 한편으로는 불교에서 아주 많은 것을 가리킬 때 팔만사천이라는 숫자를 쓰는 용례대로 가없이 많은 부처님의 가르침을 팔만사천 법문이라고 하는 데에서 비롯되었음 직하다.

대장경은 고려시대에 두 차례에 걸쳐 국가사업으로 간행되었다. 먼저 간행된 초조初雕대장경은, 1011년에 부처님의 위신력으로 거란의 침공을 물리치려는 발원에서 시작하여 1087년까지 무려 77년에 걸쳐 이루어진 것으로, 그 무렵 중국의 장경에 견주어 내용이 완벽한 것이었다. 그러나 팔공산 부인사符仁寺에 봉안된 초조대장경은 고종 19년인 1232년에 몽골군의 병화로 그만 불타버리고 말았다. 그로부터 5년 뒤인 1236년에 다시 본격적으로 대장경 간행 불사를 추진하여 1251년에 완성을 보게 되니, 16년에 걸친 큰 불사의 결실이 바로 지금 해인사에 봉안되어 있는 재조再雕 고려대장경이다. 경 종류가 1,514 종種이며, 권수는 6,802권卷이요, 판수는 81,258판板(양면조각)이다. 이렇게 완성된 고려대장경은 처음에는 강화도에 모셨으나, 왜구의 침입이 심해져서 서울의 지천사支天寺로 옮겼다가 그 뒤 조선시대 태조 임금 때인 1398년에 해인사로 다시 옮겨 모신 것이다.

대장경의 경판에 쓰인 나무는 섬지방에서 벌목해 온 산벚나무와 자작나무, 후박나무로서, 그것을 통째로 바닷물에 삼 년 동안 담가 두었다가 꺼내어 조각을 내고, 다시 소금물에 삶았다가 그늘에 말린 것을 썼다. 그것을 다시 대패로 곱게 다듬은 다음에야 경문을 새겼는데, 먼저 붓으로 경문을 한지에 쓰고 나서 이것을 잘 다듬어 준비된 목판에 뒤집어 붙인 다음 하나하나 판각하는 순서를 거쳤다. 대장경을 만드는 데 들인 정성과 한 치의 어긋남과 틀림도 허용하지 않은 엄정한 자세는 요즘 사람들로서는 도저히 따라갈 수도 없거니와 상상하기조차 힘든 것이었다. 그렇듯 끝 간 데 없는 정성으로 30명 남짓한 사람의 솜씨로 쓴 무려 5천 2백만여 자字에 이르는 구양순체의 글자들이 한결같이 꼴이 아름다운

것은 말할 것도 없으려니와 마치 한 사람이 쓴 듯이 일정하여, 한 글자도 잘못 쓰거나
빠뜨린 자가 없이 완벽한 장경을 이루고 있다.
경판의 마무리까지도 세심하게 손을 본 고려대장경은 그 체제와 교정이 정확하고
조각이 섬세하고 정교하여서도 그렇지만, 이미 없어진 거란장경의 일부와 중국
대장경에 없는 경전들을 많이 포함하고 있어서도, 중국 최고의 대장경이라고
일컬어지는 만력판萬曆板이나 또 후세에 만들어진 어떤 대장경도 따라올 수 없는
독보적인 빼어남을 지닌 것으로 평가되고 있다. 그리하여 특히 근대에 만들어진 일본의
신수대장경을 비롯한 현대의 불교대장경의 으뜸가는 본보기가 되기에 이르렀다.

대장경을 만들 무렵에 고려 왕조는 여러 차례에 걸친 오랑캐의 침입으로 온 국토는
유린되고 백성은 희망을 잃고 있었으며 왕실도 강화도로 피난하여 그야말로 나라의
앞길이 풍전등화였다. 그런 시대적인 상황 속에서 임금과 귀족과 백성들이 부처님의
가르침으로 한마음이 되어 오직 불력佛力으로 나라를 구하겠다는 한결같은 마음으로
이루어 놓은 것이 고려대장경이다. 1236년 판각을 시작하면서 쓴 고려의 대문장가
이규보의 〈대장각판 군신기고문大藏刻版 君臣祈告文〉을 살펴보면 나라를 구하기 위해
얼마나 간절한 마음으로 임했는지 경판의 판각동기가 잘 나타나 있다.
강화도에 대장도감을, 남해 진주 등지에 분사도감을 설치하여, 1자字 3배拜의
정성으로 민족의 혼과 호국의 신앙을 담은 고려대장경은 현존하는 세계 최대의
규모성(81,258판)과 세계 최고의 역사성(750여 년)을 자랑하며, 또한 다른 나라 대장경
연구의 모본模本이 되는 학술성, 한결같은 서체(구양순체)의 예술성, 인쇄문화의 선진성,
판각기술의 신비성, 대장목록 구성의 독창성, 경판 보존상태의 우수성을 지닌 민족의
보배(국보 제32호)요, 세계기록문화유산이다.

해인사에 들어서면 일주문, 봉황문, 해탈문 등 세 개의 문을 차례로 지난다. 일주문一柱門의 '일주'는 일심一心을 뜻한다. 즉, 일주문은 일심으로써 속세를 벗어나 깨달음의 세계를 향한 첫발을 내딛는 문이다. 일주문을 지나면 가람과 불교를 수호하는 금강역사와 사천왕이 서 있는 봉황문鳳凰門에 이른다. 계속해서 가파른 계단을 오르면 일체의 번뇌에서 벗어나 부처님 세계인 불이不二의 세계에 들어가는 해탈문解脫門에 도달한다. 불이는 모든 상대적인 것들을 초탈한 해탈의 경지다. 일주문에서 해탈문에 이르는 계단 서른세 개는 수미산 정상에 있는 도리천의 33천天을 상징한다.

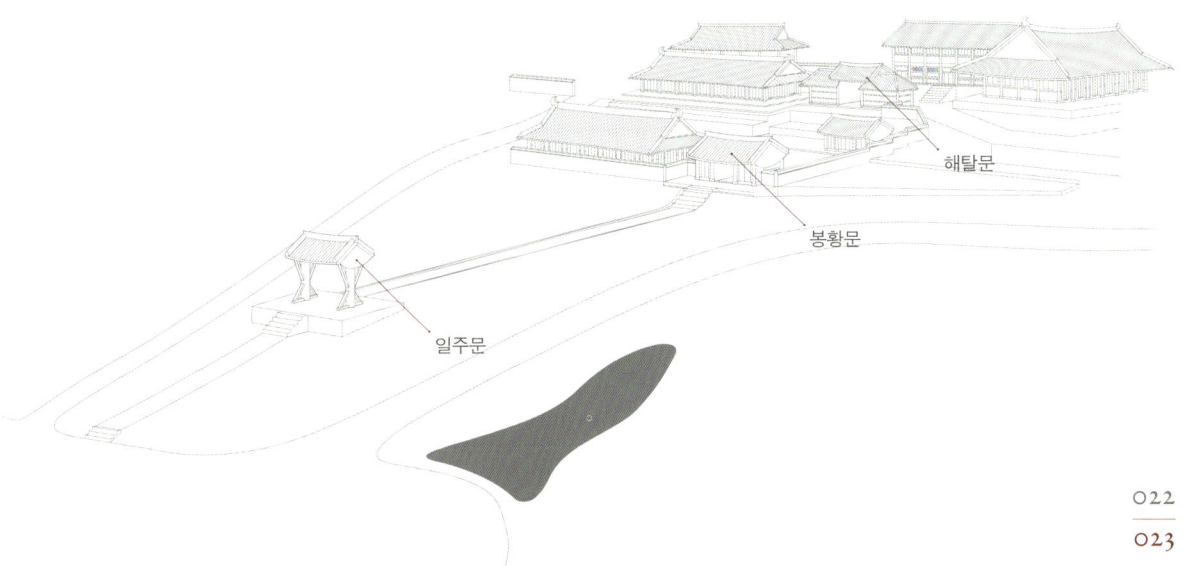

一柱門 일주문

해인사 일주문은 주변 경치와의 어우러짐이 일품인 까닭에 우리나라의 수많은 일주문 중에 손꼽히고 있다. 신라시대에도 지금의 자리에 있었는지 모르겠지만, 조선시대 세조 3년 봄에 중수하여 그 뒤로 지금까지 다섯 차례에 걸쳐 중수하였다는 기록이 남아 있는 것으로 보아, 일주문의 건축양식은 조선시대 초기의 양식인 듯하다. 마지막 중건은 1940년에 있었다.
일주문 현판의 글씨 '伽倻山海印寺'는 근대 서예의 대가인 해강海剛 김규진金圭鎭(1868~1934년)의 글씨로 산문山門의 격을 한층 더 높여 준다.

일주문 주련

歷千劫而不古 역천겁이불고 지나온 천겁 세월 옛 아니듯
亘萬歲而長今 긍만세이장금 만세를 흘러가도 오늘 그 자리

함허 스님(涵虛 : 1376~1433년)이 금강경오가해金剛經五家解의 서문에서 하신 말씀이다. 멈출 줄 모르는 수레바퀴 같은 시간과, 넓고 끝없는 벌판 같은 공간, 그 사이에서 우리 인간은 존재하고 있다. 시방十方인 공간과 삼세三世인 시간은 어느 누가 부른 것도 아니며, 무엇이 보내온 것은 더더욱 아니다. 다만 시간은 영원히 계속되어 헤아릴 수 없는 것이기에 인위적으로 토막을 지어 과거·현재·미래 등으로 분별하는 것일 따름이다. 진리에 눈뜰 때, 한 생각 속에 천겁을 헤아리고 만세를 숨쉬는 길은 정녕 열리리라.

鳳凰門 봉황문

일주문으로 들어서서, 수문장처럼 버티어 서 있는 천년 노목의 가로수를 따라 그 정취에 취해 걷다 보면 두 번째 문인 봉황문鳳凰門을 만난다. 봉황문은 천왕문이라고도 불린다.

큰절은 으레 천왕문天王門이나 사천왕문四天王門 또는 금강문金剛門 등으로도 불리는 문을 갖고 있는데, 이 안에 탱화에 그려진 사천왕상이 모셔져 있다.

사천왕은 욕계欲界 육천六天 가운데 하나인 사왕천에 머물면서 천상으로 들어오는 여러 착한 사람을 보호하는 선신善神이다. 수미산須彌山의 동서남북에 위치하여 악한 것을 멸하고 불법佛法을 옹호하려는 서원을 세웠으므로, 산문山門 입구에 봉안하여 문을 지키고 절을 수호하는 역할을 맡겼다.

해인사 봉황문 양쪽에는 화려한 색채의 금강역사 두 분이 그려져 있다. 대부분 조각으로 금강역사를 모시나 장소에 따라 그림으로 모시는 경우도 있다. 천왕문 양쪽을 지키는 수문신장守門神將 구실을 담당하는데, 보통 사찰 문의 왼쪽에 밀적금강密迹金剛, 오른쪽에 나라연금강那羅延金剛이 서 있다. 또 다른 구분은 보통 입을 열고 있는 역사를 '아금강역사', 입을 다물고 있는 역사를 '음금강역사'라고 한다. 자세로는 주먹을 쥐고 한 팔을 들어올리거나, 한 손으로 칼을 잡고 있는 모습이 대표적이다.

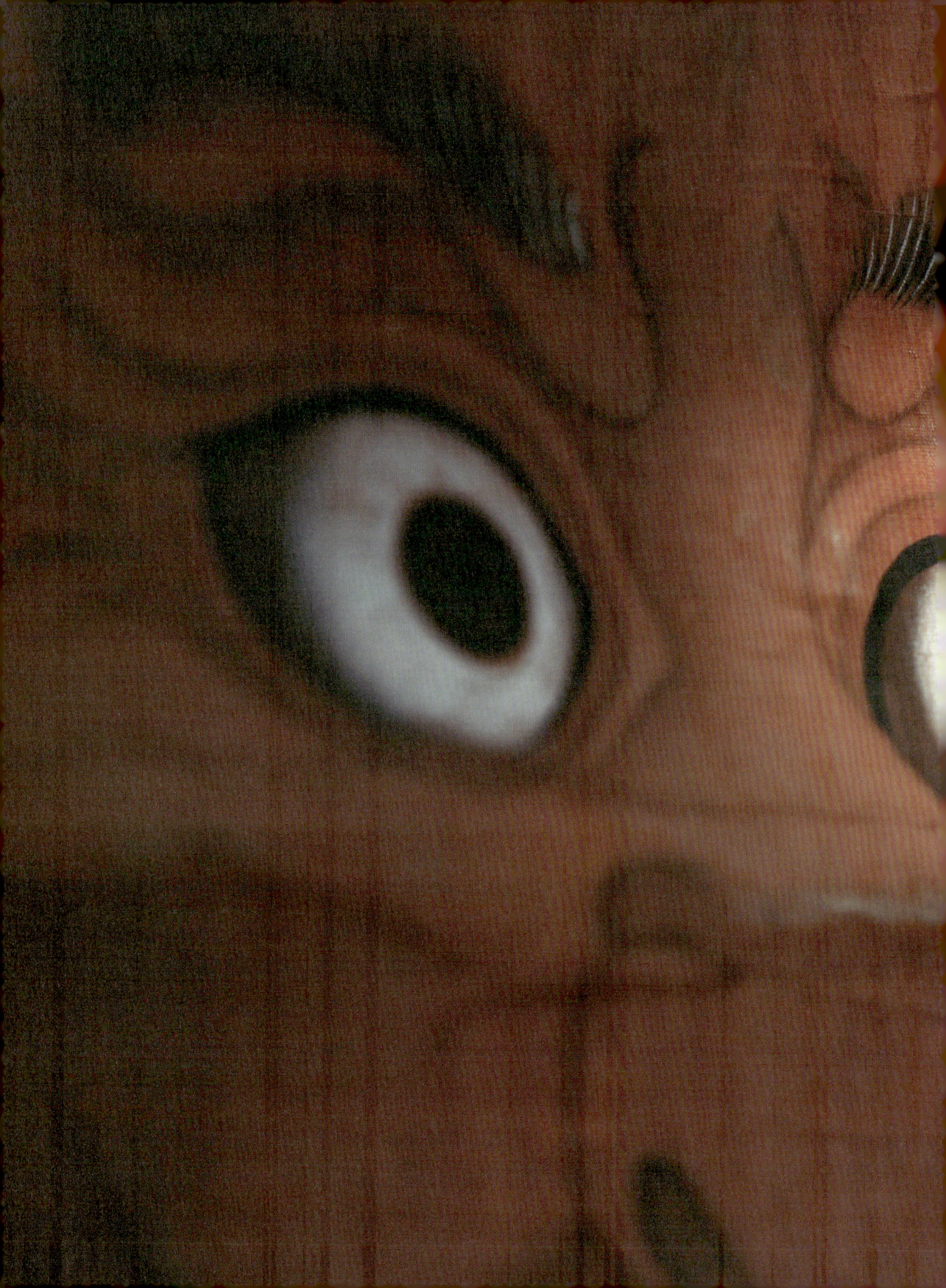

解脫門 해탈문

일주문과 봉황문을 지나 돌계단을 오르면 해탈문에 이른다.
해탈문은 불이문不二門이라고도 불리는데, '불이'라고 함은 선악善惡, 시비是非,
생사生死 들과 같은, 대립적이고 상대적인 것을 초탈한 해탈의 경지를 말한다.
해탈문(불이문)의 해동원종대가람海東圓宗大伽藍이라는 현판은 만파萬波 스님이
고종 2년(1865년)에 쓴 것이다. 해동은 우리나라를 뜻하고, 원종은 선종의
구산九山 13종을 통합, 일원화한 진실하고 원만한 교리를 말하는 화엄종의
종파를 뜻한다.

般若波羅蜜多心經

唐三藏法師玄奘 譯

觀自在菩薩行深般若波羅蜜多時照見五蘊皆空度一切苦厄舍利子色不異空空不異色色即是空空即是色受想行識亦復如是舍利子是諸法空相不生不滅不垢不淨不增不減是故空中無色无受想行識無

고려대장경과 장경판전

대장경大藏經은 부처님께서 45년 동안 중생을 위하여 설법하신
내용으로 불교의 가르침이 빠짐없이 기록되어 있는
인류 최대의 기록물이며 불교 경전의 전집이라고 할 수 있다.
'세 개의 광주리'라는 뜻의 산스크리트어 'Tripitaka'를 번역,
경經·율律·논論 삼장三藏의 불교경전을 총칭하는 것으로
'삼장경' 또는 '일체경'이라고도 한다. 그리스도교의 성서,
이슬람교의 코란처럼 불교의 성전聖典이다.
해인사에 소장된 팔만대장경은 고려 때 집대성한 불경으로,
정식 명칭은 고려대장경이다. 조성한 지 750여 년이 지난 지금도
완벽하게 남아 있는 팔만대장경은 현존하는 목판대장경 중
가장 오래된 것으로도 유명하다. 부처님의 가르침인 삼장을
집대성한데다 그 내용이 정확한 것으로 알려진 팔만대장경은 세계
각국에 전해져 불교의 연구와 확산을 도왔다.
아울러 세계의 인쇄술과 출판물에 끼친 영향 또한 지대하다.
유네스코에서는 1995년 경판을 봉안한 대장경판전(국보 제52호)을
세계문화유산으로 지정하고, 2007년 팔만대장경판(국보 제32호)을
세계기록유산으로 등재하여, 팔만대장경의 문화적 가치와
중요성을 다시 한 번 일깨우고 우리 모두가 길이 보존해야 할
인류의 문화유산으로 인정하였다.

고려대장경

高麗大藏經

고려대장경(국보 제32호)은 고려시대 때 몽골군의 침입 등 북방 오랑캐들의
잦은 침입으로 민심이 흉흉해지고 나라가 어려워지자 민심을 한곳에 모아
부처님의 가피력으로 오랑캐의 침입을 막고 나라를 스스로 재건하고자 하는
염원에서 조성되었다.
초조대장경에서 속장경, 고려대장경으로 이어지는 경판의 제작은 고려시대에
국가적 위기를 극복하기 위해 장장 240년이라는 긴 세월 동안
정성을 들여 이룬 거국적 대사업이었다. 대장경의 완벽한 제작은 문화국으로서
고려의 위상을 드높였을 뿐 아니라 인쇄술과 출판술의 발전에도 크게 공헌하여
문화사적인 면에서도 우리 민족의 영원한 자랑거리라고 할 수 있다.
고려대장경은 방대한 분량은 물론이고 질적으로도 매우 우수하다.
숙련된 한 사람이 모든 경판을 새긴 것처럼 판각 수준이 일정하고 아름다워
조선시대의 명필 추사 김정희는 "사람이 쓴 것이 아니라 신선이 내려와서
쓴 것 같다"고 감탄하였다. 또한 오자나 탈자가 거의 없으며
근대에 만들어진 것처럼 상태도 아주 양호한 편이다. 그래서 대장경을 두고
'목판 인쇄술의 극치', '세계의 불가사의'라는 찬사를 아끼지 않는다.

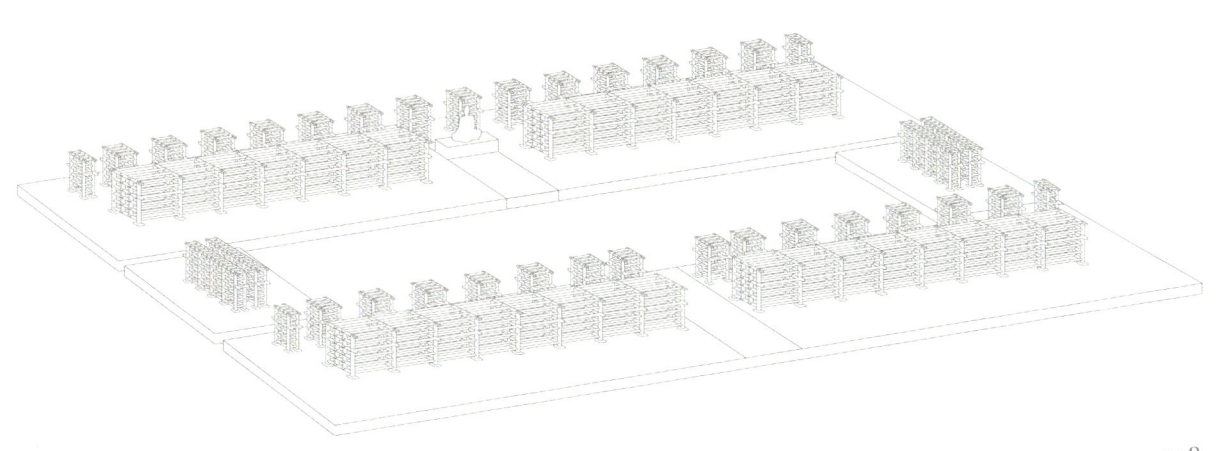

1251년에 완성되어 지금까지 남아 있는 목판이 81,258판이며, 총 1,514경전, 52,382,960글자, 6,802책으로 되어 있다. 전체의 무게가 무려 280톤이다. 81,258판을 전부 쌓으면 그 높이가 약 3천2백 미터로 백두산(2744m)보다 높으며, 길이로 이어 놓는다면 150리(약 60km)나 되는 엄청난 양이다.

경판 제작 과정

고려팔만대장경판은 글자를 새긴 경판 판면과 경판 양끝에 각목으로 덧댄 마구리로 이루어져 있다. 마구리를 포함한 경판의 가로 길이는 약 70cm, 세로 길이(폭)는 약 24cm, 두께는 약 2.8cm이고, 무게는 약 3.25kg이다. 글자는 경판 양면에 돋을새김(양각)되었다. 한 면에 글자를 새긴 세로줄 수는 23행이며, 행마다 새긴 글자 수는 14자 정도다.

대장경의 제원 및 부분명칭

총매수	경 종류-1,514종, 권수-6,802권, 총매수-81,258매
1매당 글자 수	23(행수) × 14(행당 글자수) × 2(양면) ≒ 644자
전체 글자 수	644(경판1매당 글자수) × 81,258(총 경판수) ≒ 52,382,960자
나무 종류	산벚나무, 돌배나무, 자작나무 등 10여 종
규격	가로길이≒70cm, 세로길이≒24cm, 무게≒3.25kg, 두께≒2.8cm (글자 새겨진 면 : 가로길이≒51cm, 세로길이≒22cm)
글자 행수	≒23행, 1행당 글자수≒14자

경판길이
경전제목(권, 장수)
마구리　함명　　글자 새겨진 면　　네 모퉁이 구리 장식

고려대장경판의 제작과 인쇄

1. 재료 준비

대장경의 가장 중요한 재료인 목재는 해충의 피해를 막고 조각하기 쉽도록 오랜 시간 개흙(뻘)에 담그거나 소금물에 쪘다. 대장경을 만든 곳으로 추정되는 경상남도 남해군 대사리는 조석간만의 차가 커서 밀물 때는 나무를 운반하기 쉽고, 썰물 때는 나무를 개흙에 담그기 쉬운 조건을 갖추고 있다. 또 조각 칼과 경판에 사용되는 쇠붙이를 제작할 수 있는 대장간과 인쇄에 필요한 종이를 만드는 종이마을이 있다.

2. 원본 제작

면밀한 고증을 거쳐 완성된 원고는 경판에 붙여 글씨를 새기게 되는데 '경판에 붙인다'라는 뜻에서 원본이라 불렸다. 원고는 경판 한 면에 23줄, 한 줄에 14자를 해서체로 썼다. 원고 쓰기에는 많은 관료와 문인이 참여했으며, 글씨체가 같아지도록 충분한 연습을 거친 후 작업에 들어갔다.

3. 판각

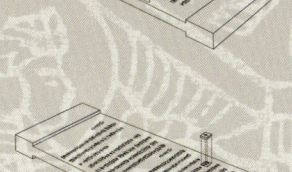

완성된 원본을 판목에 풀칠하여 붙이고 새기는 과정이다. 인쇄할 때 글자가 바로 찍히도록 글씨가 쓰인 면이 나무에 닿게 붙이고, 그 위에 다시 한번 풀칠을 해서 말렸다. 판각 직전에 글씨가 잘 보이도록 식물성 기름을 얇게 바른 후 돋을새김(양각)으로 작업했고, 한 경판에 두 면씩 새겼다.

4. 수정

판각이 끝난 경판은 오류 수정을 위해 한 장씩 찍어 원고와 대조했다. 잘못된 글자는 파내어 새로 새긴 글자를 아교로 붙여 넣었다. 여러 글자가 틀리면 그 줄을 모두 파내고 새로 끼워 넣었는데, 이 수정 작업은 매우 정교하여 인쇄 후 수정한 흔적을 전혀 찾을 수 없다.

5. 마구리 작업과 옻칠

경판의 뒤틀림과 터짐을 방지하고 경판끼리 서로 부딪치는 것을 막고 바람이 잘 통하게 하기 위해 경판보다 두꺼운 각목을 붙이고 네 귀퉁이에 구리판으로 장식한다. 그렇게 한 후 부식 방지를 위한 마지막 공정작업으로 경판이 썩지 않도록 옻칠을 하고 적당한 환기와 온도, 습도 조절이 잘 되는 판전에 보관한다.

6. 인쇄

고려시대에는 양질의 종이를 생산할 수 있었기 때문에 인쇄를 위한 대장경판 작업에 착수할 수 있었다. 종이는 닥나무 껍질과 풀을 섞은 묽은 종이죽을 체로 받쳐 만들었다. 경판에 먹물을 고루 묻힌 후 종이를 얹고, 머리카락을 밀랍으로 뭉친 문지르개(마력)로 가볍게 문지르면 종이에 글씨가 찍혔다.

학인 스님들에게 경판에 대해 설명하고 계신 장주 스님

팔만대장경을 인쇄하는 작업을 인경印經이라 한다.
경판과 한지, 먹, 붓, 마력 등이 준비되면 그 옛날 선조들이 1배拜 1각刻하며
대장경을 조성했던 그 정성으로 부처님 경전을 만들어 낸다.

해인사 고려각판

海印寺 高麗刻板

고려대장경을 보관하는 두 동의 큰 판전인 수다라장과 법보전 사이에 있는 동사간전과 서사간전에도 여러 가지 종류의 경판이 보관되어 왔다. 이 경판을 흔히 '해인사 간판刊板'이라고 하는데, 국가기관인 대장도감大藏都監에서 새긴 해인사 대장경판과는 달리, 지방관청이나 사찰에서 교육을 목적으로 만든 것이다. 고려대장경에 가리어 소홀한 대접을 받아 오던 이 사간경판들을 정리하던 중 어떤 것은 고려대장경보다 훨씬 이전에 새겨진 것임을 알게 되었다. 이 가운데 고려 각판 54종 중 28종 2,725판이 국보 206호로 지정되었고, 나머지 26종 110판은 보물 734호로 지정되었다. 이 경판들은 실물로는 그 유례를 찾아보기 힘든, 초기 인쇄문화를 엿볼 수 있는 귀중한 자료이다.

동·서사간전에 보관되어 있는 고려각판은 후박나무를 짠물에 담가 지방기를 빼고 나무결을 삭혀 잘 말린 다음 판각하였기 때문에 원형 그대로 잘 보존되고 있다. 고승이나 개인의 시문집 및 저술 등은 비록 간행기록이 없고 전권을 갖추지 못한 것이 많으나, 그 내용이 전해지지 않거나 역사적으로 희귀한 자료로 이루어져 있다. 고려시대 판화 및 판각기술은 물론이고, 한국 불교사상 및 문화사 연구의 중요한 자료로 평가된다.

장경판전

藏經板殿

고려대장경 판전(국보 제52호)은 고려 고종 때 고려대장경을 보관하기 위해 만든 건물이다. 대적광전 뒤로 가파른 계단 위에 '八萬大藏經'이라는 현판을 단 문 뒤로 위치한 네 건물을 포함한다. 크고 긴 두 채의 건물이 나라에서 직접 관장하여 판각한 고려 팔만대장경이 모셔진 국간판전이다. 앞 건물이 수다라장, 뒤의 건물이 법보전이다. 그 양쪽 끝에 있는 작은 건물은 고려각판을 모신 동·서 사간판전이다. 대적광전의 비로자나 부처님께서 대장경을 머리에 이고 있는 형상을 그리고 있어서 그 의미와 중요성을 다시금 떠올리게 한다.

국보 제52호로 지정된 이 장경판전은 처음 세운 연대는 정확하게 알려져 있지 않으나, 조선초 무렵인 1488년쯤에 세워졌으리라고 여겨지는데, 여러 차례 부분적인 중수를 거쳐서 오늘에 이르렀다.

장경판전은 대장경을 보관하는 데 필요한 기본 구조만 갖추고 장식이 적어서 겉으로는 평범해 보인다. 그러나 장경판전은 건물이 자리 잡은 위치, 건물 배치와 좌향, 건물 구조와 창호 처리, 판가板架 구조, 경판 배열 등을 살펴보면 대단히 과학적으로 설계되어 있다. 해인사에는 조선 후기에 일곱 차례 불이 났으나 신기하게도 장경판전에는 불길이 미치지 않았다.

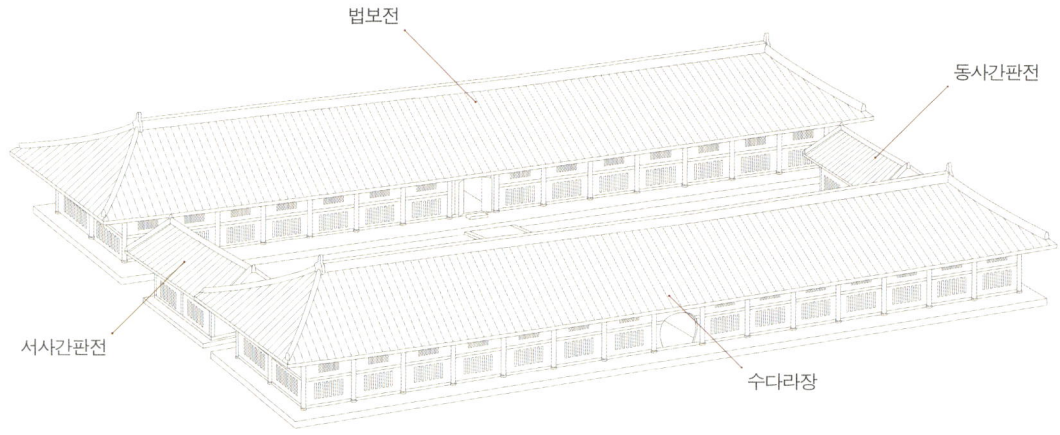

서쪽에서 바라본 장경각전

장경판전은 판전이 자리한 위치가 참으로 신비하다. 산에서 내려오는 산바람과 계곡에서 올라오는 계곡바람이 섞여 공기의 유통이 원활하고, 특이한 저온현상으로 목재의 보존 장소로는 더할 수 없을 정도로 좋은 명당이다. 또한 대장경을 보관하는 데 절대적인 요건인 습도와 통풍이 자연적으로 조절되도록 지어졌다는 점이 놀랍다. 장경판전의 터는 본디 그 토질 자체도 좋거니와, 그 땅에다 소금과 숯, 횟가루와 마사토를 넣음으로써 방충은 물론 여름 장마철처럼 습기가 많은 때에는 습기를 빨아들이고, 또한 건조한 때에는 습기를 내보내곤 하여서 습도가 자연적으로 조절되도록 하였다.
그뿐만 아니라, 그 기능을 원활하게 하기 위해 판전의 창문도 격자창 모양으로 하였으며, 각 건물의 앞쪽 창은 아래창이 위창보다 세 배로 크게 하였고 뒤쪽의 창은 그 반대 꼴을 이루게 하여, 건물 뒤쪽에서 내려오는 습기를 억제하고 판전으로 불어온 바람이 건물 안에서 골고루 퍼진 다음 밖으로 나가도록 되어 있다. 이는 아주 과학적인 통풍 방법으로서, 건축 방식이 발달한 오늘날에도 따라가기 어려운 우리 선조들의 슬기를 잘 보여 준다.

장경판전 4채의 기둥 숫자는 108개로서 불교의 108사상을 토대로 지은 건물임을 미루어 짐작할 수 있다. 지형적·건축학적·과학적인 면 등 여러 모로 세심하게 배려하고 감안하여 지은 건물로 우리 역사에 길이 빛나는 걸작이라 할 수 있다.

판가板架는 굵은 각재를 이용하여 견고하게 설치한 후 경판을 두 단씩 세워 놓도록 단을 두어 공기 유통이 잘 되도록 하였는데, 그렇게 5단으로 된 판가 각 단에 조밀하게 배열된 경판과 경판의 틈새가 일종의 굴뚝효과를 냄에 따라 경판 표면의 온도·습도 조절에 중요한 요인으로 작용하고 있다.

修多羅藏 수다라장

종모양으로 된 판전 입구의 문은 독특하면서도
아름다운 문으로 유명하다. 이 문은 매년 춘분과
추분 오후 3시쯤 태양빛에 의해 판전 통로에 연꽃의
그림자로 피어나 선조들의 가람배치에 감탄하게
한다. 또한 수다라장 중앙으로 통하는 통로 위에
대장경 인경본을 모셔놓음으로써 참배객들이
이 통로를 지나면 자연히 대장경을 정대頂戴하게
된다. 장경판전은 지금까지 남아 있는 조선조
초기의 건축물 중에서 건축 양식이 가장 빼어나서
건축사적인 면에서도 매우 중요하다.

수다라장 주련과 편액

四十年說何曾法 사십년설하증법

六千卷經獨此方 육천권경독차방

부처님께서 사십 년 동안 설하신 말씀은 일찍이 무슨 법문이었을까?

육천 권이나 되는 경전이 홀로 여기에 계시네.

이것은 부처님께서 보리수 아래에서 바른 깨달음을 이루신 후 사십 년 간 설하신 말씀들이 팔만대장경판으로 판각 후 인경을 하여 보니 6,802권의 책으로 이루어진 것을 의미하며, 이 책에는 어떻게 삶을 살아가야 하는지에 대한 바른 해답을 보여주고 있다. 이 주련은 수다라장의 편액을 쓴 위당 신관호(威堂 申觀浩 : 1810~1888년)의 작품이다.

수다라장 입구

장경판전으로 들어가는 연화문 앞에는 연꽃 사진을 찍기 위해 많은 작가들이 방문하지만 촬영이 금지된 장소라서 자주 언쟁이 일곤 한다. 선조들의 뛰어난 건축미와 예술성이 빚어낸 아름다운 언쟁이다.

수다라장 내부

수다라장 내부

法寶殿 법보전

수다라장에서 약 16미터 동북쪽에 떨어져 앞의 건물과 같은 규격으로 나란히 놓여 있고 중앙칸 위에 '法寶殿'이란 현판을 달고 그 아래 분합 살문을 달아 출입할 수 있게 되어 있다.
이 중앙칸은 안쪽 높은 기둥열이 있는 곳까지 벽을 쳐서 비로자나불상과 양측에 문수, 보현의 협시 보살을 봉안하여 예불을 드리도록 되어 있다.
따라서 경판전에 출입하는 문은 수다라장과는 달리 분합문이 있는 칸의 좌우 양 협칸에 두 짝 판문으로 달아 출입할 수 있게 하였다.

법보전 주련

圓覺道場何處 원각도량하처 부처님 계신 곳 어디쯤인가?
現今生死卽時 현금생사즉시 지금 나고 죽는 곳이 바로 거길세

불교를 깨달음의 종교라고들 말한다. 바른 수행을 통하여 누구나 이상적인 인격에 도달할 수 있다는 얘기겠다. 단아하면서도 흐르는 듯한 글씨가 인상적이다. 글과 글씨는 해인사에서 출가한 남전(南泉 : 1868~1936년) 스님의 작품이다.

법보전 법당

법보전 내부

법보전 내부

장경판전 담장과 법보전

東西寺刊板殿

동·서사간판전

장경판전 옆쪽에 자리한 두 채의 작은 건물은 사찰에서 필요한 문집과 의식집들을 판각하여 봉안해 놓은 사간판전이다. 사간판寺刊版은 모두 158종 5,963판으로 이 가운데 28종 2,724판의 국보 제206호와 26종 110판의 보물 제734호의 고려각판이 포함되어 있다.

위_동사간판전
아래_서사간판전

고려대장경 이운 행사

고려 고종 23년(1236년) 몽골의 침입을 국민의 단합된 힘과 부처님의 가호로 물리치기 위해 당시의 천도지遷都地인 강화도에 대장도감大藏都監 본사本司를 두고 진주, 남해에 분사分司를 두어 대장경판을 새기는 데 전 국력을 쏟았다. 고종 38년(1251년)까지 16년간에 걸쳐 완성하여 강화도에 판당板堂을 짓고 봉안하였다가 다시 강화읍 남쪽에 있는 선원사禪源寺에 옮겨 모셨던 고려대장경판은 언제 어떠한 경위를 거쳐서 강화도에서 해인사까지 옮겨 모시게 되었을까?

조선 태조 7년(1398년) 5월에 강화도 선원사禪源寺에서 서울의 지천사支天寺로 임시로 옮겨 모셨다가 다시 해인사로 옮기게 되었다. 요즈음 8톤 트럭 35대분이 훨씬 넘는 대장경판을 사람의 힘만으로 강화도에서 해인사까지 옮기는 일은 온 국민이 힘을 기울였기에 가능하였을 것이다.

운반행렬의 맨 앞에는 동자가 향로를 들고 길을 맑히면 많은 스님들이 독경을 하며 길을 인도하고 그 뒤로는 소중하게 포장한 경판을 소달구지에도 싣고 지게에도 졌는가 하면 부녀자들은 머리에 이고 고려대장경판의 정대頂戴 공덕과 부처님의 은혜를 다시 한번 되새기면서 서울에서 해인사까지 고려대장경판의 운반 행렬은 끝없이 이어졌다. 일설에는 서울에서 한강에 배를 띄워 대장경판을 싣고 해로海路를 통해 낙동강 줄기인 지금의 고령군 개진면 개포마을에 배를 대고 해인사까지 운반했다는 이야기가 전해진다. 그래서 개포마을의 예전이름이 경經을 풀었다는 의미에서 개경포開經浦라고 했다는 것이다.

태조 7년 5월에 시작된 경판의 대이동은 이듬해 정종 원년(1399년) 정월에 이르러서야 비로소 해인사에 모두 옮겨 모셔졌다. 해인사는 2003년부터 고려대장경 축제를 통하여 대장경 이운을 재현하는 행사를 갖고 있다. 스님들과 불자 대중 천여 명이 동참하여 향로와 오방번, 가마와 각종 깃발, 소달구지 등을 동원하고, 이운 행렬을 재현하는 뜻 깊은 행사이다.

사진은 '2010 국제기록문화전시회'에 참여하기 위해 서울로 이운하는 이운행렬을 재현한 행사이다. 주지스님과 산중의 어른 스님들이 모여 서울로 이운할 경판을 확인하고 판가에서 꺼낸 대장경의 서울 이운을 부처님께 알리는 고불식을 진행하고 있다.

팔만대장경을 모신 가마에 긴 광목천을 연결하여 잡고 오면서
스님들과 사부대중이 대장경의 서울 전시가 무장무애하도록
기원하고 있다.

수행·예불공간

해인사 3층석탑과 석등이 있는 마당 좌우로 궁현당과 관음전이 있다. 궁현당 너머에는 적묵당과 진영전이, 관음전 너머에 정수당이 있다. 이들 전각은 대부분 해인사 승가대학(강원) 스님들의 수행공간이다. 높은 축대 위에 솟은 대적광전을 중심으로 왼쪽의 대비로전과 독성각, 오른쪽의 명부전과 응진전은 예불, 참회, 기도 등 주요 종교활동이 이루어지는 예불공간이다. 대적광전은 비로자나불을 본존불로 모신 해인사의 중심 법당이며, 대비로전은 9세기에 조성된 국내 최고最古의 목조 비로자나불을 봉안하고 있다.
응진전 뒤쪽에는 한때 선원으로 사용되었던 선열당(법계당), 퇴설당이 있고, 그 위로 해행당이 있다.

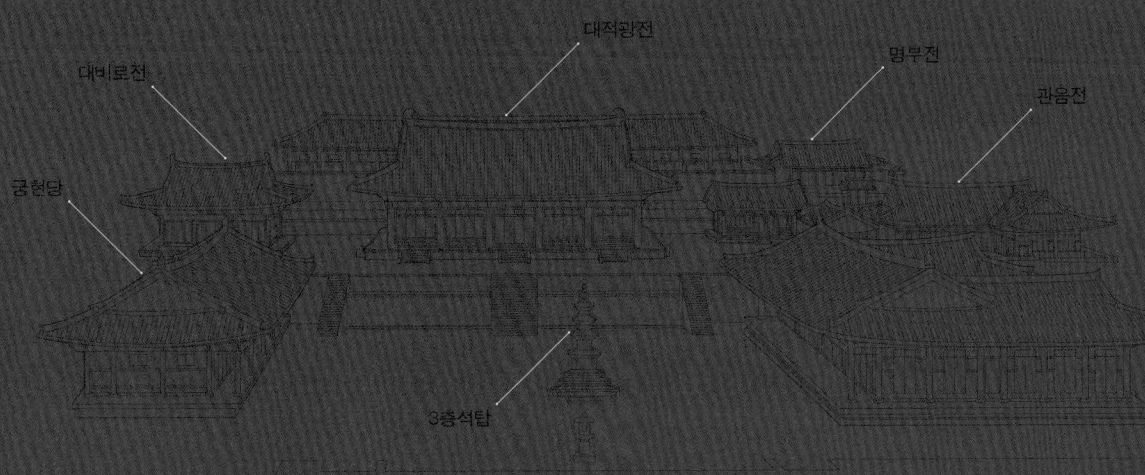

大寂光殿 대적광전

해인사는 화엄경을 중심사상으로 하여 창건되었으므로 화엄경의 주불인 비로자나 부처님이 모셔져 있다. 그래서 법당의 이름이 대적광전大寂光殿이다. '비로자나'는 산스크리트어인 바이로차나Vairocana에서 온 말로서, 영원한 법法 곧 진리를 상징한다. 그러므로 비로자나 부처님을 모신 대적광전은 부처님의 진리의 몸이 화엄경을 언제나 두루 설하는 대적광토大寂光土의 역할을 하고 있다.

대적광전

대적광전에 모신 주불 비로자나부처님

지금의 건물은 창건주인 순응 스님과 이정 스님이 802년에 지은 건물 자리에다 1818년에 다시 지은 것이며, 법당 안에는 일곱 불상이 모셔져 있다.
법당에 들어서 보면, 오른쪽부터 철조鐵造 관음보살觀音菩薩, 목조木造 문수文殊보살, 그리고 맨 가운데에 본존 비로자나불이 있고 다시 그 옆으로 목조 지장地藏보살, 목조 보현普賢보살, 철조 법기法起보살이 차례로 안치되어 있다.
본존 비로자나불은 1769년에 조성되었는데, 그 왼쪽에 있는 또 하나의 목조 비로자나불상은 가운데의 본존불을 모시기 전까지의 본존불이다. 이 목조 비로자나불상은 그 좌우의 보현보살상, 문수보살상과 더불어 삼존불三尊佛로서, 고려시대에 가지가 셋인 큰 은행나무 한 그루를 가지고 만든 것이다. 삼존불은 처음에는 경상북도에 있는 금당사金塘寺에 모셨다가, 지금은 터만 남아 있는 가야산의 용기사龍起寺를 거쳐, 1897년에 해인사 대적광전에 모시게 되었다. 그밖의 불상들은 조성 연대가 알려져 있지 않다.

하안거·동안거, 매월 보름과 그믐날에 산중 어른이신 방장스님의 법어를 듣고 스스로의 공부를 점검한다.

114
115

안행雁行

안행은 기러기의 질서정연히 나는 모양을 따서 붙인 이름이다.
단체생활을 엄히 준수하는 스님들은 예불을 하거나
공양을 하거나 정진을 하기 위해 이동할 때는 질서정연히
안행을 한다.

장경판전 서문에서 바라본 대비로전(우)과 대적광전(좌)

大毘盧殿 대비로전

2007년 11월 24일 정면 3칸, 측면 3칸, 그리고 다포형식을 가진 대비로전大毘盧殿을 낙성하고 대적광전과 법보전의 '동형쌍불同形雙佛'인 두 비로자나 부처님을 나란히 안치하였다. 이 쌍둥이 비로자나 부처님은 2005년 7월 개금하는 과정에서 불상 내부의 묵서가 발견돼 883년 통일신라시대에 제작된 국내 최고最古의 불상임을 확인하였다.

비로전 주련

毘盧常放大光明 비로상방대광명
一尊眞聖一尊魏 일존진성일존위
各發誓願彫聖像 각발서원조성상
國內木佛最初成 국내목불최초성

비로자나 부처님이 항상 대 광명을 비추시니
일존은 진성이요 일존은 위홍이라
각각 서원을 발하여 성상을 조성하니
국내 목불로는 최초로 조성한 것이라

誓願大角干主燈身賜彌 右座妃主燈身　　서원대각간주등신사미 우좌비주등신
中和三年癸卯此像夏節柒金着成　　　　중화3년계묘차상하절칠금착성

서원합니다. 대각간님의 비로자나 부처님이시며 오른쪽의 부처님은 비님의 비로자나 부처님입니다.
중화3년 계묘년 여름 부처님을 금칠하여 이루었습니다.

해인총림선원

海印叢林禪院

소림선원의 수행공간인 심사굴深蛇窟은 2002년 방장 법전 대종사, 주지 세민 화상에 의해 신축된 110평 규모의 목조 건물로 현재의 위치에 지어졌다. 심사굴은 깊은 사유에서 중생의 속정과 망념을 버리고 용이 되려고 하는 수좌스님들의 처소이다. 결제마다 40여 명의 수좌 스님들을 모시고 정진하는 해인총림선원은 지금도 엄격한 청규와 용맹정진 가풍을 이어가는 한국불교의 대표 선원이다.
선원 기둥에는 다음과 같은 게송이 걸려 있다.

獅頭龍身鳳羽翼 사두용신봉우익
사자머리에 용몸뚱이 봉황의 날개며
心如毒蛇眼如日 심여독사안여일
마음은 독사와 같고 눈은 태양과 같도다.
纔擧片鱗天地壞 재거편린천지괴
편린을 움직이자마자 천지가 무너지며
佛兮祖兮退三千 불혜조혜퇴삼천
부처도 조사도 삼천리를 물러선다.

하안거 음력 7월1일부터 8일, 동안거 음력 12월 1일부터 8일까지 해인총림이 용맹정진을 진행한다. 선원, 율원, 강원은 물론 약수암, 삼선암, 보현암, 원당암 등 총림대중 전체가 용맹정진에 동참한다.
일주일 동안 공양시간을 제외하고는 잠을 자지 않고 오로지 좌복에서 화두와 싸우는 해인총림 선원은 그야말로 부처를 선발하는 선불장選佛場이다.

심사굴(좌)과 소림원(우)

해인사 승가대학

海印寺 僧伽大學

窮玄堂 궁현당

궁현당의 창건 연대는 확실하지 않다. 다만 1490년에 중건되었다고 전해오며, 지금의 건물은 1990년에 세워진 것으로 현재 해인사 승가대학(불교 전문 강원)으로 사용되고 있다.

眞影殿 진영전

진영전은 옛 경학원經學院으로 가의대부嘉義大夫 민형식의 주선으로 범운 화상이 창건하였는데 본디 왕과 왕후와 태자의 만수무강을 비는 경홍전景洪殿이라 편액하였던 건물이다.

그 뒤에 1948년에 이르러 환경 스님이 주지로 있을 때 손수 경학원經學院이라고 글씨를 써서 건물의 이름을 바꾸었고, 1968년에 지월 화상이 중수하여 이듬해부터는 해행당에 봉안되어 있던 역대 고승들의 영정을 옮겨 모셨다가, 1975년부터 승가대학의 도서관으로 사용해 왔다. 2007년 경학원 건물을 중수하고 방장이신 도림 법전 스님께서 편액을 써서 다시 진영전이라 이름 하였으며 개산조 순응, 이정 스님과 서산 희랑 조사 등 역대 고승의 영정을 모신 법당으로 자리 잡았다.

真影殿

관음전 觀音殿

현재의 관음전 건물은 1990년에 신축한 건물이다. 본래 이 자리에는 큰법당 대적광전과 더불어 지어진 심검당이라는 승당이 있었는데, 1871년의 화재 때 큰법당 옆에 있었던 관음전이 소실되자 관음전 편액과 불상을 이 건물에 옮겨오고부터 관음전이 되었다.
현재는 앞쪽의 궁현당과 더불어 승가대학(강원) 학사로 사용하고 있다.

화장원 華藏院

해인사 운동장 뒤에 세워진 건물로서 1990년도 방장 성철 대종사, 주지 법전 스님에 의해 강원 학사로 세워진 건물이다.

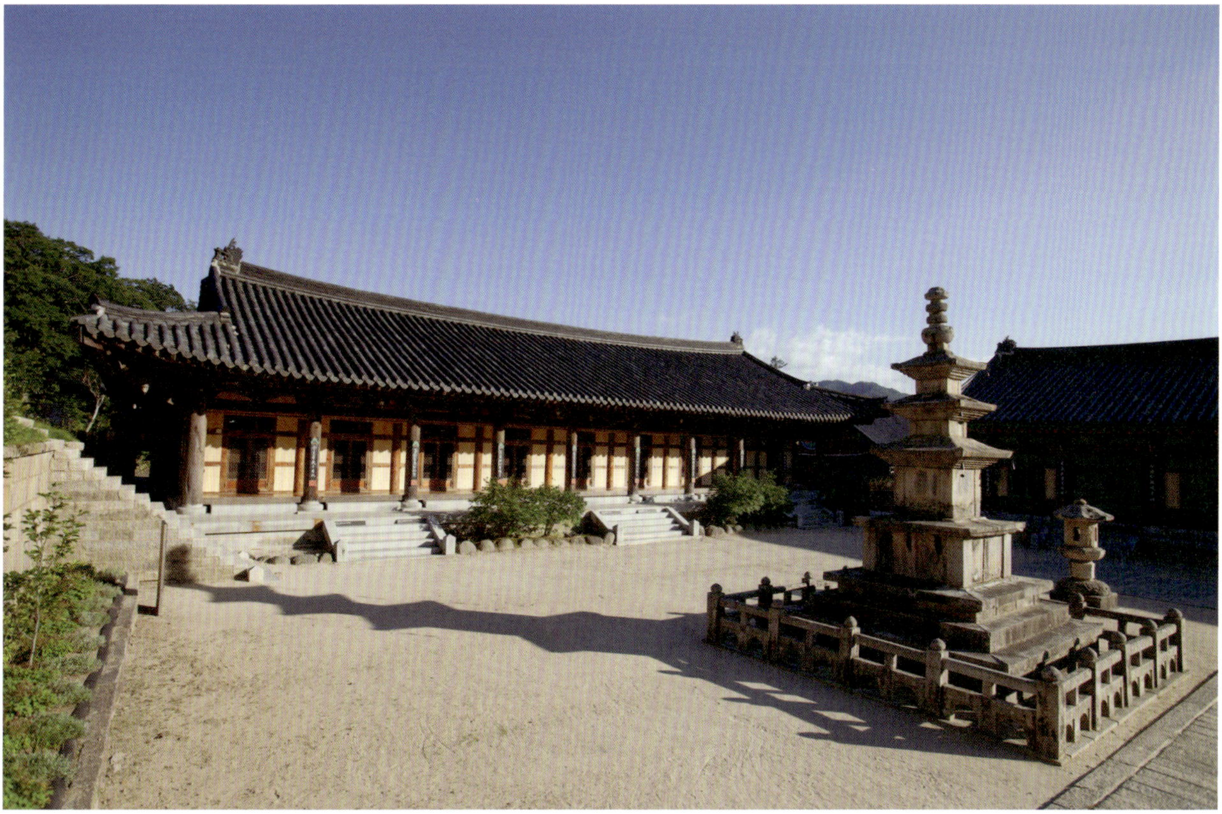

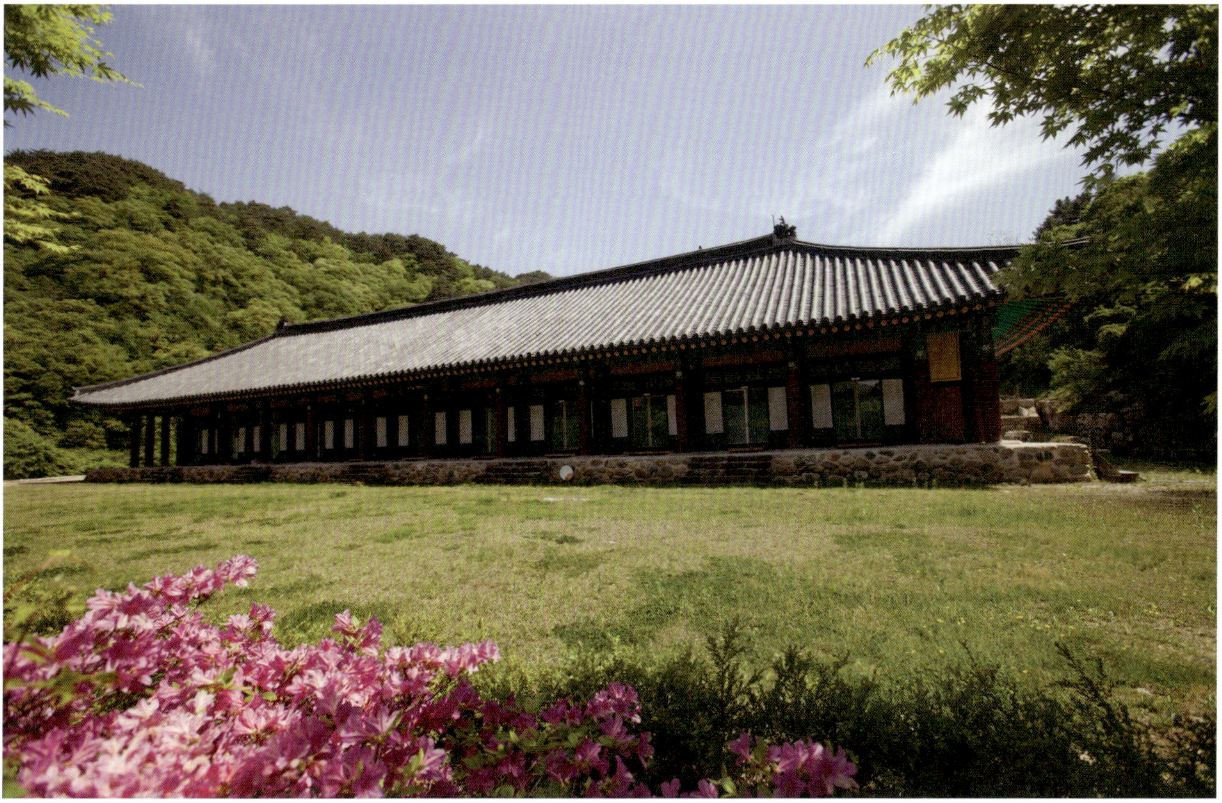

명부전 冥府殿

명부전冥府殿은 지장전地藏殿이라고도 한다. 지옥 중생을 모두 제도하기 전에는 성불하지 않겠다는 큰 서원을 세운 지장보살이 목조木造로 조성되어 주불로 모셔져 있고, 그 좌우에 각각 도명道明보살과 시왕상十王像을 봉안하였다. 지금 건물은 1873년 고종 10년에 지어졌다. 2008년 해인사 경역정비 기본계획에 따라 중수하고 대적광전 우측으로 이건하여 오늘에 이르고 있다.

응진전 應眞殿

나한전羅漢殿이라고도 불리는 응진전應眞殿은 1488년에 처음 세워졌는데, 지금의 건물은 1817년에 다시 지어진 것이다. 처음에는 역대 선사의 영정만을 봉안했는데, 1918년에 판전 서재에 봉안되었던 십육나한十六羅漢을 옮겨와 모셨다. 응진전 가운데에는 석가여래상이 토조土造로 조성되어 있다. 2008년 해인사 경역정비 기본계획에 따라 대적광전 우측으로 이건하여 중수를 완료하였다.

2009년 10월 28일 율주 연담 종진 스님이 발원하여 응진전에 있던 부처님과 십육나한을 박물관에 모시고 목조로 부처님과 십육나한상을 조성하여 새롭게 모셨다.

독성각 獨聖閣

평면이 육각형인 특이한 형태의 전각으로 기둥 위에는 창평방昌平枋을 두르고 그 위에 복잡한 살미초로 장식한 집이다. 내부에는 독성신앙인 나반존자를 모셨으며 현재의 건물은 1940년에 세워진 것이다. 1998년 해인사 경역정비 기본계획에 따라 대적광전 좌측에서 학사대 방향으로 이건하여 지금에 이르고 있다.

정수당 正修堂

정수당은 해인총림 산림을 운영하는 원주실과 출가한 행자들이 공부하는 행자실이 있다. 지하에는 공양을 준비하는 식당과 후원이 자리잡고 있다.

퇴설당 堆雪堂

퇴설당堆雪堂을 처음 창건한 시기는 알 수 없고, 다만 해인사에 여섯 번째로 큰 불이 나던 해인 1817년에 그 불로 모두 타 버리자 제월霽月 대사가 중창하였다는 기록이 있으며, 다시 1965년에 금담錦潭 화상이 해체하여 보수하였다.

퇴설당은 최근까지 상선원上禪院으로 사용되었는데, 특히 1899년에 경허 대선사가 이곳에 주석하면서 동수정혜同修淨慧 결사를 실천한 장소였던 점에서 역사적인 수행 정신을 간직하고 있는 건물로서의 의미가 깊다. 선원이 지금의 자리로 이전됨에 따라 현재는 총림 방장실로 사용되고 있다.

해행당 解行堂

일명 조사전이라고도 불리는 해행당解行堂은 1817년에 제월 선사가 퇴설당을 중창할 때 함께 중창하고 수선사修禪寺라는 편액을 내걸었다. 그 이름에서 짐작할 수 있듯이 처음에는 선원으로 사용되었는데, 이회광이 주지로 있을 때 선객들이 드세다 하여 수선사를 폐하고 조사전이라고 이름을 바꾸면서 개산조開山祖 이하 역대 고승의 영정을 모셔 왔다.

1967년에 목조 희랑조사상을 보장전으로 사용하는 구광루로 옮기고 이듬해에 해인총림을 설치하여 영정을 모두 경학원에 봉안하고서부터는 다시 상선원으로 사용해 오다가, 현재는 방장 부속실로 사용하고 있다.

선열당 禪悅堂

1936년에 창건된 건물로서 선열당禪悅堂이라는 명칭으로 해인사 하선원으로 사용되었으며, 1983년 이후 해인사를 총괄하고 계시는 주지스님의 처소로 사용되고 있다. 2008년 해인사 경역정비 기본계획에 따라 선열당을 해체하여 다시 중건하였다.

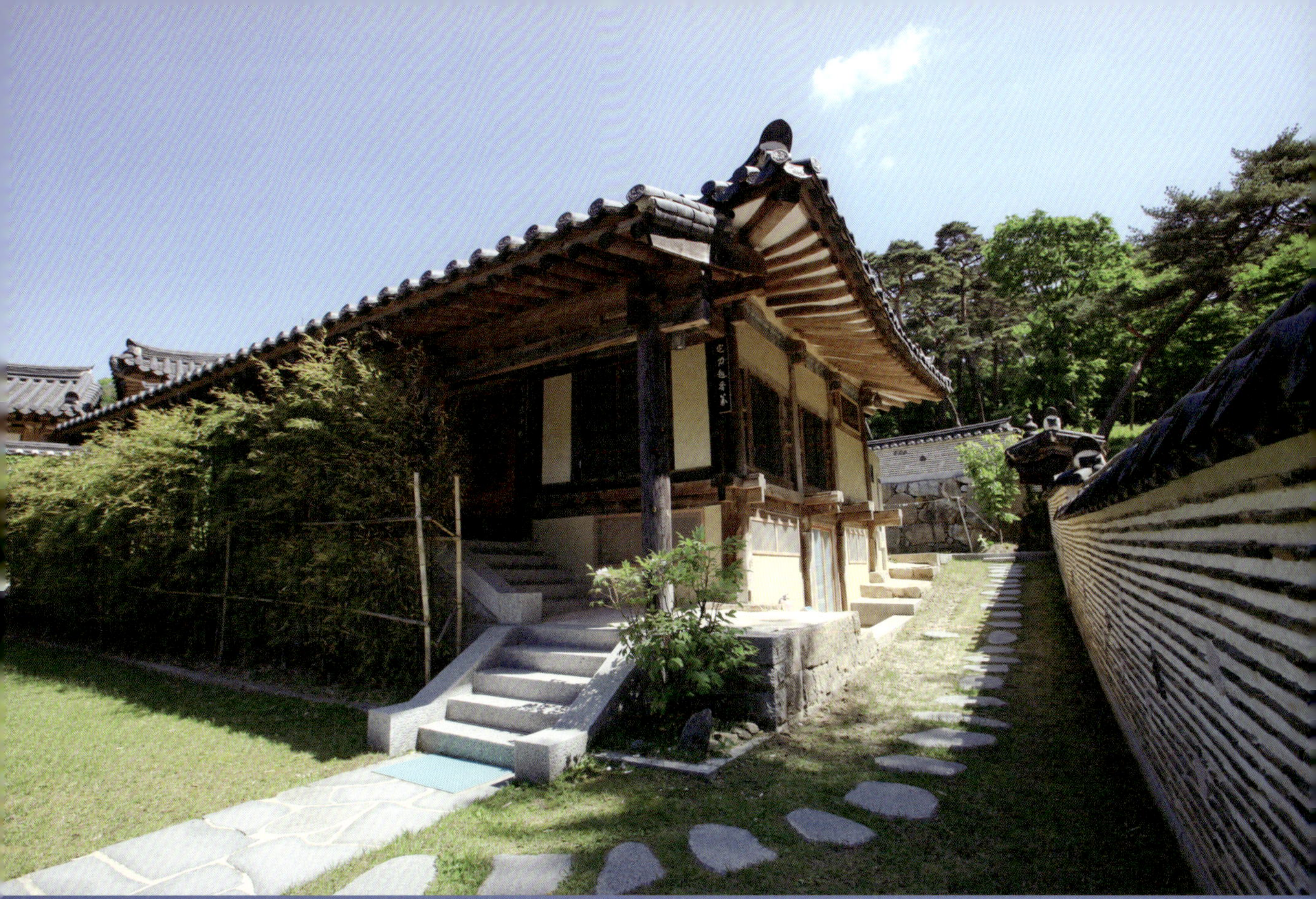

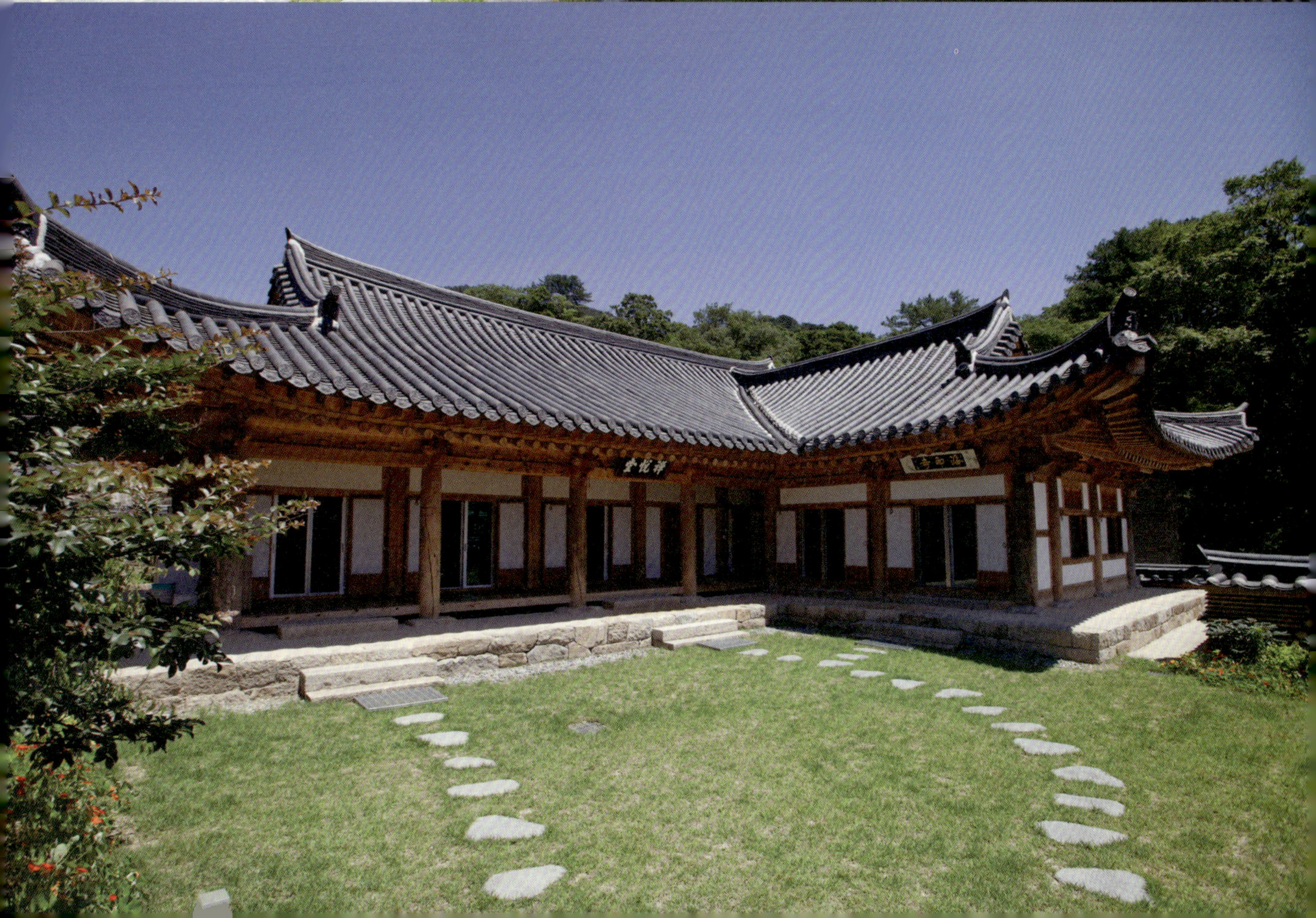

해인사 3층석탑

경상남도 유형문화재 제254호

해인사 3층석탑은 2중 기단과 3층의 탑신 및 지붕돌(옥개석屋蓋石)로 이루어진 통일신라 후기의 전형적인 석탑 양식이다. 원래 탑의 받침은 신라 석탑 양식인 2층기단二層基壇이었으나, 1926년에 탑을 수리하면서 받침을 확장하고 한 층을 더 올려, 본래 지니고 있던 조화미를 상당 부분 상실하고 말았다.

1926년 6월, 탑을 수리하는 과정에서 상층 받침의 돌 함 속에서 9개의 작은 불상이 발견되었는데, 석탑을 수리하고 나서 이들 불상을 다시 탑 안에 봉안하였다. 또 이 석탑 앞에는 코끼리의 눈 모양을 형상화했다는 안상眼象과 연꽃무늬가 조각된 배례석拜禮石이 있었으나 수리하는 과정에서 석등 앞으로 옮겨졌다.

《조선불교통사朝鮮佛敎通史》에는 태조太祖가 즉위하여 이 탑을 수리할 때, 대장경大藏經을 탑 안에 봉안하면서 나라의 번영과 백성의 평안을 빌었다는 기록이 전하고 있다. 그러나 1926년에 탑을 수리할 때 대장경이 발견되지 않았기 때문에 태조가 수리한 탑이 이 탑인지는 논란의 여지가 있다. 더욱이 근래의 사찰 보수 때 경학원經學院 근처에서 신라 석탑의 재료가 발견된 것으로 미루어 또 다른 석탑이 있었을 가능성도 크다고 하겠다.

석등

경상남도 유형문화재 제255호

3층석탑 앞에 있는 석등은 탑과 동일한 시기에 조성된 것으로 추정되는데 화강암 사각 대석에 안상이 새겨져 있고 그 위에 여덟 잎의 연잎이 겹쳐져 있으며 연잎에는 보상화문이 새겨져 있다. 위로 팔각의 돌기둥이 있고 그 위에 네 면에 등창이 뚫려 있는 화사석이 있다.
석등 뒤에는 정례석이 있는데 탑의 서남쪽 중앙 통로에 있던 것이다.

종무·신행공간

봉황문 왼쪽의 우화당과 해탈문을 지나 넓은 마당 주변에 있는 사운당, 청화당, 범종각, 구광루, 보경당, 만월당 등은 현재 종무와 법회를 위한 장소로 사용된다. 해인사의 중심에 세워진 구광루는 비로자나불이 화엄경을 일곱 곳에서 아홉 번 설법하실 때마다 빛을 내셨다는 뜻에서 이름 지어져 해인사가 화엄세계를 구현하고 있음을 보여준다. 범종각에서는 북, 범종, 목어, 운판으로 모든 생명있는 것들에게 불법을 전한다. 널리 부처님을 공경한다는 뜻을 지닌 보경당은 큰 법회를 위한 건물이며, 객실을 의미하는 사운당은 해인사 종무를 총괄하는 종무소로 활용되고 있다.

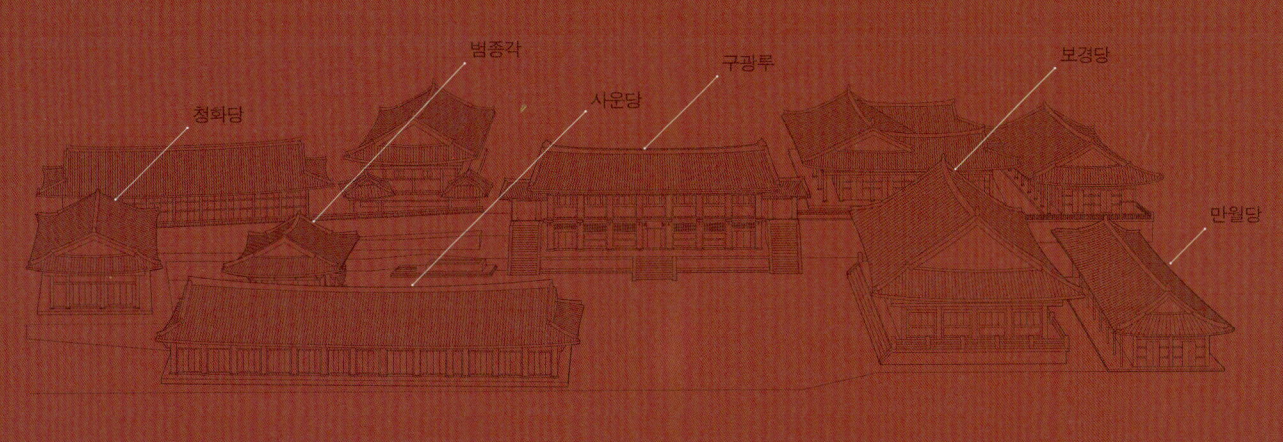

九光樓 구광루

구광루九光樓는 해인사의 모든 건물 가운데에서 한가운데에 자리하고 있다. 구광루라는 이름은 화엄경의 내용에서 따온 것인데, 화엄경에는 부처님께서 아홉 곳에서 설법하시면서 그 때마다 설법하시기 전에 백호白毫에서 광명을 놓으셨다는 이야기가 있다.

옛날에는 노전스님을 비롯한 큰스님들만이 법당에 출입할 수 있었다. 그래서 이 누각은 법당에 들어갈 수 없는 일반 대중들이 모여 예불하고 설법을 듣는 곳으로서 지은 것이다.

현재의 건물은 1990년에 다시 지어진 건물로서 예전에는 해인사의 성보문화재를 보관하는 장소로 사용하다가 현재는 불교서적 및 불교관련 작품을 전시하는 공간으로 이용하고 있다.

대적광전에서 바라본 석탑과 구광루

梵鐘閣 범종각

범종루는 사찰에서 반드시 갖추게 되어 있는 범종과 법고, 운판과 목어를 달아 놓은 곳이다.
범종은 지옥의 중생을, 법고는 축생의 윤회를, 운판은 무주고혼을, 목어는 수류애혼을 달래는 것으로 그 고통과 윤회를 쉬게 하는 의미를 지니는 사물四物이다. 현재의 건물은 1984년에 신축된 것이다.

梵鍾 범종

4개의 불구佛具 중 으뜸은 범종이다. 그 어떤 소리보다도 맑고 아름다우며 고귀한 해탈의 소리이다. 종의 구조는 위쪽으로부터 음관, 용뉴, 천판, 상대, 유두, 비천상, 당좌, 하대로 이루어진다. 이중에서도 특이한 것은 음관, 유두, 비천상이다. 우리나라 종의 비밀을 간직한 음관은 대나무의 마디 모양을 하고 있으며 맑은 소리를 내게 한다.
유두는 모두 36개이며 구궁법九宮法에 의해 9개씩 4군데에 위치한다.
비천상은 범종이 단순한 소리 기구가 아닌 불교용구라는 것을 알려 준다.
범종은 아침과 저녁에 예불할 때 울린다.

종소리의 숫자에도 의미가 있다. 해인사는 아침에는 28추(욕계 6천 색계 18천 무색계 4천 모두 28천이 울려퍼지길 기원), 사시에는 18추(색계 18천에서 부처님께서 공양을 드시고 모든 신장님과 보살님이 드시도록 우리가 먹는 공양미를 천공으로 바꾸기 위해서이고), 저녁에는 33추(三十三天 - 수미산 위에 있는 天界; 중앙에 제석천帝釋天이 있고 사방에 팔천씩 모두 합하여 삼십삼천이 있다)를 친다.

法鼓 법고

고鼓는 법을 전하는 북이라는 뜻이다. 불법을 널리 전하여 중생의 번뇌를 물리치고 해탈을 이루게 한다는 함축적인 의미가 포함되어 있다. 법고는 축생의 제도를 위하여 친다고 한다. 그래서 예불시간에 가장 먼저 울려 퍼지는 것이며 두 개의 북채로 心자를 그리며 두드린다. 일심에서 나는 이 소리를 듣고 일심의 원천으로 되돌아 갈 것을 간절히 소망하며, 심자형의 소리를 중생계 속으로 울려퍼지게 하는 것이다.

雲板 운판

운판은 청동이나 철을 뭉게구름 같은 형태로 만든 것이다.
운판은 처음엔 부엌에서 사용했었는데 차츰 조석 예불 때에 치는
의식 용구로 바뀌었다. 이것은 공중을 날아다니는 중생을 제도하고
허공을 헤매어 떠도는 영혼을 제도할 수가 있다고 한다.

木魚 木鐸 목어와 목탁

나무로 긴 물고기 모양을 만들어서 걸어 두고 두드리는 것이
목어이다. 물고기의 배 부분을 파내고 배부분 안쪽의 양 벽을 나무
막대기로 두드려서 소리를 내게 한다. 목어는 새벽과 저녁 예불,
큰 행사가 있을 때 두드려 물속에 사는 모든 중생을 제도한다는
의미를 가지며 형태가 차츰 용두어신으로 변형되어 간다.
　목탁은 너무나도 많이 들었고, 보았던 의식 용구이다.
목탁은 목어가 변형되어 유래되었기 때문에 물고기 형태를 하고 있다.
다만 기다란 모습이 아닌 둥근 형태를 하고 있는 점이 다르다. 밝음과
어두움, 체體와 용用을 함께 거두고 일체화시키는 목탁. 속이 비어 있는
목탁에서 나는 소리에서 공한 마음으로 공한 기도를 올려야 한다는 가르침을
깨달아야 하겠다.

사운당 四雲堂

사운당이란, 사부대중(비구, 비구니, 우바새, 우바이)과 사방에서 수행하는 운수납자雲水衲子들 즉 스님들이 구름처럼 모여드는 곳이라는 뜻이다. 본디 사운당은 지금의 우화당 건물을 지칭한 것이었는데, 지금의 사운당은 다시 지어 종무소로 사용하고 있다.

청화당 清和堂 스님들의 요사채와 회의실로 사용하고 있다.

보경당 普敬堂

'┌'형의 명월당 건물을 해체하고 1980년대에 신축한 2층 건물로서 1층은 지장전, 2층은 보경당이라 이름한다. 큰 법당과 방사가 있어 수련회 및 큰 불사에 집회장 및 법당으로 유용하게 사용된다.

정대불사頂載佛事

대장경을 머리에 이고 행하는 종교의식이다. 불교의 삼보三寶 중에서 법보法寶인
대장경을 1년에 한 번씩 햇빛을 받게 하며, 신성한 경전을 머리에 임으로써
우러나는 경건한 신심을 아울러 취하기 위하여 널리 행하여졌다. 고려시대
대장경이 두 차례에 걸쳐서 거국적으로 각조刻雕되자 장경도량藏經道場 등
대장경에 관계되는 불사佛事가 크게 성행하게 되었는데, 이 의식도 고려시대에
시작된 뒤 조선시대를 거쳐서 오늘날까지 사찰에서 널리 행하여지고 있다.
대장경 전질을 참석한 사람들이 나누어서 머리에 이고, 법계도法界圖를 따라
돌면서 끊임없이 독경을 하며 법보의 공덕을 기리고 마음을 정화하는 방법을
취하는데, 참석 인원이 많을 때는 수만 명에 이른다. 행사가 시작됐던 1961년에는
고려대장경을 인경한 6,802권의 책을 가지고 하다가 다시 사간판전에서 인경한
화엄경, 그리고 1990년대부터 지금의 모조경판으로 바뀌었다.

정대불사는 매년 양력 4월 마지막주 토요일에 열린다. 해인사 교구 모든 스님들과
불자들이 법회를 통해 수행 원력과 신앙심을 고취하고 진정한 호국, 호법의 의미를
되새기는 호국 팔만대장경 대법회이다.
전국의 불자들이 모여 부처님 가르침의 집대성인 팔만대장경이 우리나라의
해인사에 봉안되어 있음을 찬탄하면서, 팔만대장경의 정신이 온 누리에 널리
펼쳐져서 나라가 태평하고 국운이 융창하여 남북이 평화롭게 통일하기를
기원하는 행사이다.

법회 참가자 전원이 발원하는 행진을 대적광전(큰 법당) → 대장경판전 → 해인도를
따라 돈다. 특히 해인도는 신라 의상 대사가 창안한 오묘한 도안을 법당 마당에
대형으로 그린 것으로서 팔만대장경의 이치를 드러내고 있다. 참석자들이
해인도를 따라 대장경 경판을 머리에 이고 행진하는 모습은 정대불사의 절정이다.

"법성원융무이상法性圓融無二相 법과 성품은 원융하여 두 가지 모양이 없나니"로
시작되는 법성게는 신라의 의상 스님께서 화엄경의 사상을 한 편의 시로
압축하여 저술한 것이다. 가운데 부분의 法자에서 시작, 글자 사이의 줄을 따라
7자씩 읽어가면 法자 바로 아래에 있는 佛자에서 끝나도록 되어 있다.
칠월 칠석 비로자나 축제와 해인사 3월 정대불사 때 탑돌이 행사로 쓰이며 게송
구절이 전체적으로 배치되어 하나의 도장 형태를 띠고 있다. 출발지점에서
두 손을 모으고 각자의 소원을 빌며 길을 따라가다 보면 자기도 모르게
원융무이圓融無二의 깨달음을 얻게 될 것이다.

비로자나불 무생계 수계법회

비로자나불 무생계는 비로자나불이 설하고 문수보살이 전해온 법신계로서
보살계를 한 단계 진전시킨, 오늘날 모든 불자들이 수지하여야 할 신행
규범이다. 2005년 통일신라동형쌍불 비로자나불 존상 복장 속에서 출현한
고려시대 무생계 작법을 현대에 맞게 복원하여 해인사에서만 설하는
무생계를 수지하는 수계법회이다.
9월 불사로 알려진 무생계 수계법회는 정대불사와 함께 1961년
보살계수계법회로 음력 9월 14~15일 1박2일로 치러지다가
2005년부터 해인사 부처님 복장성물에서 발견된 무생계첩을 현대화하여
무생계 수계법회로 바뀌면서 날짜도 10월 마지막 주 토요일로 바뀌었다.

비로자나불 무생계첩

1. 네 가지 귀의계歸依戒를 받아 깨끗이 믿어야 한다.
   무형無形의 부처님께 귀의합니다.
   무생無生의 법에 귀의합니다.
   무쟁無諍의 스님들께 귀의합니다.
   최상最上의 무생계無生戒에 귀의합니다.

2. 세 가지 업의 모든 죄를 참회하여 없애야 한다.
   도는 본래 청정하건만 미혹 때문에 아는 바가 없어서
   한량없는 죄를 짓고 이 번뇌의 몸으로 받게 되었으니,
   내가 이제 애달프게 참회하고 빨리 부처님의 보리를 증득하리라.

3. 여섯 가지 서원을 세워야 한다.
   첫째, 일체중생이 모두 성불하지 않으면 나 또한 정각에 오르지 않겠습니다.
   둘째, 일체중생의 모든 번뇌를 내가 모두 대신하겠습니다.
   셋째, 일체중생의 모든 어리석음을 밝혀 주겠습니다.
   넷째, 일체중생의 모든 재난을 안온하게 하겠습니다.
   다섯째, 일체중생의 모든 탐진치를 계정혜로 바꾸겠습니다.
   여섯째, 일체중생이 모두 나와 함께 정등각正等覺에 오르게 하겠습니다.

4. 이것이 최상승의 무생계이니, 모든 선을 짓지도 말고,
   모든 악을 짓지 말아야 한다.

위에서 설명한 모든 조문을 여법하게 잘 지닐 것이니라. 한번 귀에 스치기만
하여도 모두 보리를 증득할 것이며, 사유하고 닦아 익힌다면 영원한 배를 만들어
함께 미혹의 나루를 벗어나 깨달음의 언덕에 오르니, 이와 같이 수승한
이로움은 넓고 커서 다함이 없으리라.

무생계 수계법회 육법공양
육법공양이란 향, 초, 꽃, 차, 과일, 쌀 등 여섯 가지 공양물을 지극한 마음으로 부처님께 공양 올리는 것으로 일체중생에게 회향하여 나와 남이 함께 성불하기를 간절히 발원하는 의식이다.

향공양

등공양

차공양

과일공양

꽃공양

미공양

192
193

1029일 천도법회

2001년 1차 1029일 천도법회(2001년 1월 ~ 2003년 11월 3일)를 시작으로 지금까지
4차에 걸쳐 11년의 역사를 자랑하는 해인사의 대표적인 신행법회이다.
종단의 원로와 중진스님, 선원에서, 학림에서, 각처에서 정진하시는 스님들을
모셔 법문을 청하고, 화엄경, 아미타경을 비롯한 각종 경전의 사경을 통하여
교학적 터득과 상세선망부모의 천도를 기원하는 법회이다.
설법과 기도, 염불, 독경, 사경 등 불교의 다양한 신행활동이 녹아들어 있는
1029일 천도법회는 조상의 음덕과 부모에 대한 감사, 현재를 살아가는 내 이웃,
가족에 대해 소중함을 느낄 수 있는 해인사의 종합 신행법회이다.

사진_김선주

일곱 번의 재를 마치고 사경집과 제웅품을 들고 소대로 이동하고 있다.
사진_김선주

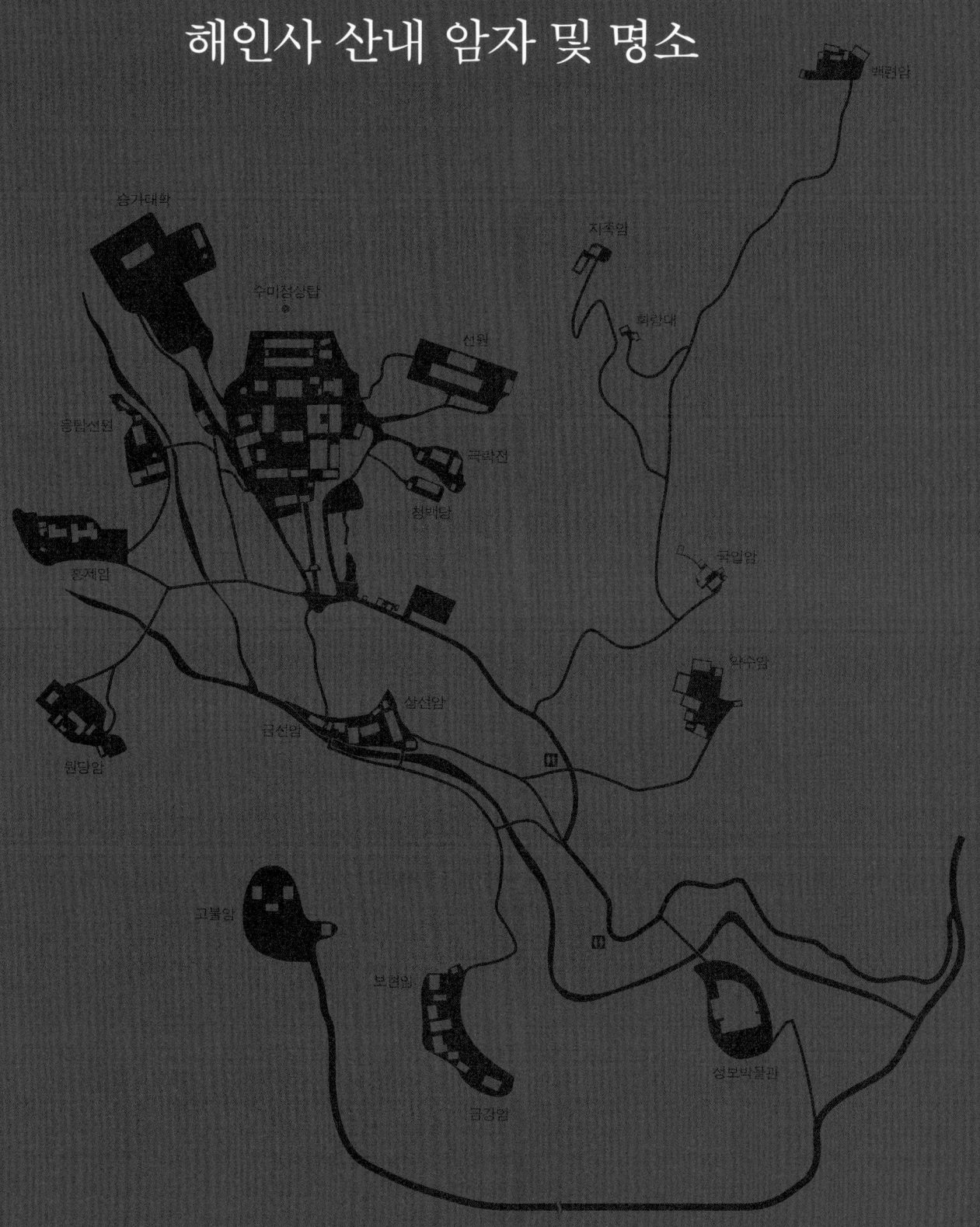

古佛庵 고불암

고불암은 해인사 말사 중 가장 높은 해발 900미터에 법당이 위치하고 있다. 전통사찰식 목조건축물과 현대식 건축물이 함께 조화를 이루고 있다. 고불암 건축불사는 약 1년여에 걸쳐 한국의 유명사찰의 가람을 두루 섭렵한 후 이를 참고로 하여 부지 약 1만평, 건평 725평으로 2003년 7월에 토목기초를 착공하고 2004년 3월부터 본격적인 건축공사를 하여 같은 해 10월에 준공하여 해인사에서 공찰로서 운영하도록 해인사에 기부하여 해인사 재산으로 등록하였다.

吉祥庵

길상암

길상암은 해인사 동구에서 1킬로미터쯤 떨어진 곳에 있으며, 백화담을 위시하여 자연 경관이 아름답기로 이름나 있다. 1972년에 영암 대종사께서 창건한 길상암에는 부처님 사리를 모신 적멸보궁이 있다.

白蓮庵

백련암

백련암은 높은 곳에 위치하여 한가할 뿐 아니라 경계 또한 탁 트여 시원하다. 특히 암자 주변에 우거진 노송과 환적대幻寂臺, 절상대絶相臺, 용각대龍角臺, 신선대神仙臺와 같은 기암이 병풍처럼 에워싸고 있어 예부터 백련암터를 가야산의 으뜸가는 절승지로 일컬어 왔다.

백련암을 처음 창건한 연대는 알 수 없고, 다만 선조 38년 서기 1605년에 서산 대사의 문하였던 소암昭庵 스님이 중건하였다는 기록이 남아 있다. 오래 전부터 고승들이 즐겨 수행처로 삼아 오던 이곳은 소암 대사를 비롯하여 환적幻寂, 풍계楓溪, 성봉性峰, 인파仁坡 대사와 같은 스님들이 일찍이 주석하였고, 근세에는 당대 최고의 선승이셨던 성철 스님께서 주석하였다. 현재 이곳에는 원통전圓通殿과 영자당, 고심원, 적광전을 위시한 요사채가 있으며 축대를 새로 쌓아 도량이 일신되었다.

백련암 불면석

龍塔禪院 용탑선원

용탑선원龍塔禪院은 1945년에 경성警性 스님이 창건하였다. 이곳에는 용성 대종사의 부도와 비碑가 모셔져 있는데 스님을 기리는 뜻에서 이름을 용탑이라 하였다. 최근에 고암 대종사의 비가 이곳에 세워졌다.

삼층석탑

弘濟庵 홍제암

홍제암은 해인사의 서편으로 일주문에서 이백여 미터 남짓 떨어진 곳에 있는 암자이며, 특히 사명 대사가 입적한 곳으로 유명하다.

임진왜란이 끝난 뒤에 이곳에 은거하던 사명 대사는 광해군 2년에 속세 나이 예순일곱으로 입적하였는데, 광해군은 스님의 열반을 애도하여 자통홍제존자慈通弘濟尊者라는 익호를 내리고 이곳에 스님의 비碑를 세웠다. 그 뒤로부터 스님의 익호를 따라 홍제암이라 하였다. 사명 대사의 비문은 〈홍길동전〉으로 더 잘 알려진 석학 허균이 지은 것으로서, 문장도 빼어날 뿐더러 대사의 행장이 비교적 소상하게 적혀 있어 사적으로서의 가치가 높다.

지금의 홍제암 건물은 최근 신축한 것이며, 암자 안에는 청허, 사명, 기허 대사를 비롯한 뭇 큰스님들의 영정을 모신 영자전이 있다. 그리고 뒷동산에는 평범한 석종의 모습으로 만든 사명 대사의 부도가 모셔져 있다.

사명대사비

願堂庵 원당암

신라 왕실의 원찰願刹로 세운 원당암은 큰절의 대적광전과 마주보이는 비봉산 중턱에 있어, 이름을 봉서사鳳棲寺라고 했었다. 해인사 창건을 위한 기초 작업장 역할을 한 것에서 짐작할 수 있듯이, 본절인 해인사보다 더 오랜 역사를 가지고 있으며, 역사가 오랜 만큼 풍부한 사적과 더불어 몇 차례의 중수 기록을 전하고 있다.

조선시대 세조 임금 때에는 학조學祖 대사가 오랫동안 주석했고, 철종 3년(서기 1852년)에는 우룡雨龍 스님이 중수하였으며, 고종 11년(서기 1874년)에는 비구니인 성주性主 스님이 중수하였다는 기록이 있다. 근대에 이르러 해운海雲 스님과 혜암 스님께서 도량의 면모를 일신하였다.

원당암에는 귀중한 유물과 유적이 전해오고 있는데, 그 가운데 보물 제518호로 지정되어 보호받고 있는 점판석粘板石 다층석탑과 석등, 정교하게 안상眼象을 넣은 금당의 축대석들은 중요한 사적으로 꼽힌다.

점판석粘板石 다층석탑

원당암 텃밭

知足庵 지족암

지족암은 신라말과 고려초에 걸쳐 살았던 고승인 희랑希郎 대사의 기도처로서 본디 이름은 도솔암이었다. 오래도록 터만 남아 있던 자리에 조선시대 후엽에 이르러 철종 7년 곧 서기 1856년에 추담 대사가 창건하였는데, 뒤에 다시 고종 30년 곧 서기 1893년에 환운幻雲 스님이 건물을 중건하면서 도솔Tusita의 의역意譯인 지족으로 이름을 바꾸었다. 근래에 일타 스님께서 주석하시면서 도량의 면모가 새로워졌다.

불족도

清凉寺 청량사

청량사淸凉寺는 창건 연대가 확실하지 않지만, 신라말의 학자인 고운 최치원(857~?)이 이곳에서 머물었다는 기록이 《삼국사기》에 있는 것으로 보아 신라시대에 창건되었음을 알 수 있다. 그러나 한동안 폐사되었던 것을 1811년 회은晦隱 스님이 중수하였고, 최근에 이르러 경암景庵 스님이 다시 중건하였는데, 지금 또 다시 큰 불사를 일으켜 새로이 단장하고 있다.

신라 때의 고찰인 청량사는 유서 깊은 만큼 보물을 많이 간직하고 있는데, 그 가운데에서도 통일신라 시대의 양식으로 보이는 석조여래좌상과 국보 제266호로 지정된 삼층석탑과 보물 제253호로 지정된 석등들은 천년 고찰의 향기를 전하기에 모자람이 없다.

석조여래좌상

希朗臺 희랑대

희랑대는 암자 이름에서 알 수 있듯이 희랑 조사가 머물던 곳으로서, 자연이 이루어낸 기기묘묘한 지형과 빼어난 경치로 말미암아 일찍이 금강산의 보덕굴에 비유되곤 했다.

희랑대의 삼성전에 모셔진 독성님은 그 영험이 불가사의하다고 해서 기도처로 퍽 유명한데, 이를테면 이곳에서 기도하여 부자가 되었다거나 하는 따위의 여러 영험 설화를 간직하고 있다. 그래서 이 암자는 특히 일반 신도들에게 친근하다.

國一庵 국일암

국일암의 창건 연대는 알려져 있지 않고 다만 중건한 기록만이 있는데, 부휴浮休 대사의 문하인 벽암각성碧巖覺性 대사가 이곳에서 오래 주석하면서 인조 15년(서기 1637년)에 중건하였다고 전한다. 벽암 스님은 일찍이 글씨와 군법에 능통한 스님으로, 조선조 인조 임금 때에 남한산성을 축성한 공적으로 인조 임금으로부터 원조국일대선사圓照國一大禪師라는 시호를 받았는데, 국일암이라는 이름이 여기에서 비롯되었다. 그 뒤에 정인貞仁 스님이 해방 전후에 두 차례에 걸쳐 중건하여 오늘에 이르고 있다. 이곳에는 부휴 스님, 고한 스님, 벽암 스님의 부도들이 모셔져 있다.

藥水庵 약수암

약수암은 비구니 수도처로서, 구한말인 1904년에 비구니인 성주性主 스님이 창건하였고 1927년에는 도삼道三 스님이 중건하였다. 가까이에 해봉海峰 스님의 부도와 도삼 스님의 부도가 모셔져 있으며, 40여 명의 비구니가 선원에서 정진하고 있다.

 ## 보현암

보현암은 1973년에 혜춘 스님의 원력으로 세운 비구니 수행처이다. 전망이 탁 트여 가야산과 홍류동 계곡이 한눈에 들어오는 절승지이다.

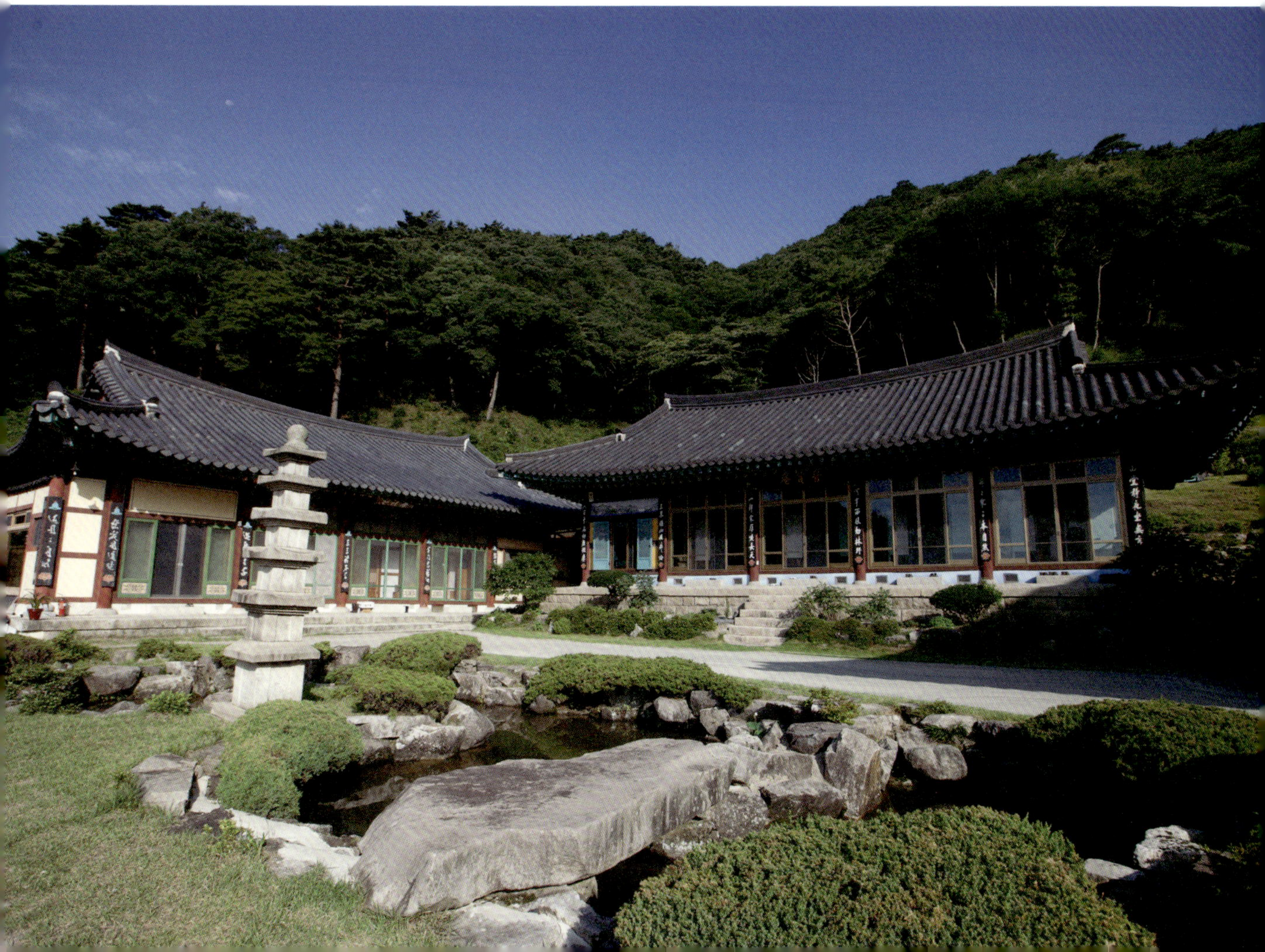

온종일 좌복 위에 앉아 화두와 씨름하여도
밀려오는 수마와 혼침은 그대로를 잡아먹는다.
잠식당한 육신을 깨워 청정심이 돌아올 때까지 마음을 일깨우는 포행.

金剛庵 금강암

1976년 창건한 비구니스님들의 수행처로서 보현암과 나란히 자리하고 있다. 금강암은 금강굴金剛窟이라고도 불린다.

金仙庵 금선암

금선암은 1945년에 하담 스님께서 창건한 비구니 수도처로서, 큰절과 가장 가까이에 있는 암자이다.

三仙庵

삼선암

삼선암은 1893년에 자홍慈洪 스님께서 창건한 뒤로 1904년에 보찬普讚 스님과 지종智宗 스님 두 분이 중건한 바 있으며, 최근에 이르러 새로이 비구니 선원을 세운 것을 비롯하여 도량의 규모가 꽤 커졌으려니와 면모도 새로워졌다. 가까이에 문오 스님의 부도가 모셔져 있다.

聖寶博物館

해인사 성보박물관

해인사 성보박물관은 지하 1층, 지상 2층의 독특한 현대식 건물로 설계되어 2002년 7월에 개관하였다. 지하 1층에는 문화센터, 수장고, 사무실이 있으며, 지상 1층에는 전시실, 기념품점, 안내실이, 지상 2층에는 팔만대장경 전시 및 체험 공간이 있다.

전시실은 해인사 역사실·불교조각실·불교회화실·공예실·서화실로 이루어져 있으며 주요 전시물은 금동여래입상, 영산회상도, 목조희랑조사상, 해시계, 33조사도병풍, 오백나한책, 은입사정병, 향로, 홍치 4년 명청동종, 거북촛대, 칠보촛대, 옥등, 세조대왕어진, 화조도병풍, 수복자수병풍, 산수화, 김정희 필 해인사중건상량문 등 보물 3점을 포함하여 1,000여 점이 수장·전시되어 있다.

길상탑

吉祥塔

기유년에서 을묘년까지 7년 간에 천지가 온통 난리로 어지러워 들판이 전쟁터가 되니 사람들은 방향을 잃고 행동이 짐승과 같았다. 나라가 기울어질 듯하고 재앙이 절에까지 이르니 나라와 삼보三寶를 지키려는 승속의 바람이 같은데 칼날이 수풀에 낭자하고 몸은 바윗등에서 잃었구나.

원만한 왕의 교화가 거듭되고 이차돈異次頓이 다시 순교한 듯 도는 승려들에 있고 이로움은 왕에게 있어라. 처다보니 가슴 쓰리고 생각하니 꿈은 아닌지 이에 자비로운 말 내어 승려 공장工匠을 불러 탑의 근본을 세우니 썩은 뼈는 감실龕室에 용맹스럽고 여러 가닥 줄들이 영혼을 끌고 탑의 층층마다 중생을 이끈다.

영혼의 이름들을 벽에 새겨 모래같이 많은 혼백이나 하늘을 날아오르게 날개 같은 층탑은 산처럼 오래도록 길이 신선의 골짜기를 진정하고자, 스스로 이 일을 보고서는 후학들을 빛내고자 기꺼이 글을 지어 이 탑의 공을 기리노라.

건녕乾寧 2년 7월에 세움. 승군僧軍을 곡哭함. 승훈僧訓.

—길상탑 내에서 발견된 탑지 내용

해인사 비림

海印寺碑林

해인사에 주석했던 역대고승의 비와 탑을 모신 곳. 성철 대종사의 사리탑과 자운 대율사, 혜암 대종사, 일타 대종사의 사리탑과 비 등이 있다.

성철 스님의 사리를 모신 사리탑은 통도사 적멸보궁을 기본형으로 하여 우리 나라 전통부도의 아름다움을 현대적 조형언어로 새롭게 해석한 것이다. 가운데 원구는 완전한 깨달음과 참된 진리를 상징하고 살짝 등을 맞대고 있는 반구는 활짝 핀 연꽃을 표현하며 크기가 다른 정사각형의 3단 기단은 계정혜 삼학과 수행과정을 의미한다.

비석거리

影池

영지

대가야국의 김수로왕이 인도 아유타국의 공주인 허황후와 혼례하여 많은 자손을 두었는데, 그중 일곱 왕자가 허황후의 오빠인 장유 화상의 수행력에 감화되어 처음 입산수도하게 된 곳이 이곳 가야산 칠불봉이다. 자식을 출가시킨 허황후는 아들들의 안위가 걱정되어 수차례 찾아와 만나자고 했으나 만날 수 없자 일곱 왕자가 수도하고 있는 봉우리가 그림자져 비치는 이 연못에서 그리움을 달랬다고 하는 전설이 있다.
'그림자 못'이라고 하여 영지影池라 불리게 되었다.

외나무다리

이 외나무다리의 설치에 대한 역사적인 자료나 기록은 없다. 다만, 조선시대에 숭유억불 정책이 불교를 억압하던 때에, 양반들이 더러 법당 앞까지 말을 타고 오는 등 행패가 심하여 그런 일을 막기 위하여 말이나 소가 건널 수 없는 외나무다리를 설치하였다는 이야기가 전한다. 그 유래야 어떻든 맑은 물이 흐르는 계곡 위에 놓인 외나무다리는 그 풍치만으로도 아름답거니와, 언제부터인지 관광객들은 이 다리를 건너야 극락에 간다는 속설을 믿어 누구나 건너 보고 싶어하는 해인사의 명물이다. 외나무 다리를 건너면 석주에 다음과 같은 게송이 씌어 있다.

橋忌通馬牛 교기통마우 　다리에 소와 말이 지나는 것을 꺼림이니
後人信此規 후인신차규 　후세 사람들은 이를 본보기 삼을지니라.
古來架一條 고래가일조 　옛날부터 한 가닥으로 건너지름이니
愼勿加添補 신물가첨보 　삼가 첨가하거나 덧붙이지 말도록 하라.

磨崖石佛 마애석불

보물 제222호로 지정된 해인사 마애석불은 가야산 중봉에 있다. 흔히 행주형行舟形이라 일컬어지는 해인사의 지형에서 이 중봉의 석불은 선장격으로 여겨져 왔는데, 높이가 7미터쯤 되는 바위에 불신佛身이 6.5미터 높이로 새겨져 있고 원두광圓頭光이 양각으로 뚜렷하게 새겨져 있어 원만한 모습을 드러내고 있다. 통일신라시대의 작품으로 짐작된다.

수미정상탑

장경각 뒤쪽에 있는 수미정상탑은 원래 돛대바위라 불리던 거대한 바위가 있었던 곳에 그 무게만큼의 탑을 다시 세운 것이다. 해인사 지형이 떠가는 배의 형국이라 돛대바위의 역할이 중요함을 감안하여 1986년에 다시 세웠다. 높이는 약 14미터이고 8각7층 석탑이다.

學士臺 학사대

대적광전의 서쪽에 있는 학사대는 신라말의 한림학사인 고운 최치원이 만년에 벼슬을 버리고 가야산에 은거할 때 즐겨 찾아와 그의 친형인 현준 대사와 정현 화상과 더불어 담론을 즐기고 시를 지으며 때때로 가야금을 타고 즐기던 곳인데, 학들이 이곳에서 춤을 추었다는 이야기가 전한다. 그 무렵에 최치원이 몸소 심었다는 전나무가 천 년이 지난 지금에도 그 푸르름을 간직하고 있다.

僧乎莫道靑山好 승호막도청산호 스님네여 청산이 좋다고 말하지 마소.
山好何事更出山 산호하사갱출산 산이 좋다면서 왜 산 밖으로 나오려고 하시는가?
試看他日吾踪跡 시간타일오종적 훗날 내가 어찌하는지 두고 보시오.
一入靑山更不還 일입청산갱불환 한 번 들면 청산에서 다시는 나오지 않으려니.

籠山亭 농산정

신라말의 고운 최치원 선생이 은둔하여 수도하던 곳이다. 원 정자의 창건 시기는 알 수 없으며 지금의 것은 1936년에 중건된 것이다. 정자 건너편에는 치원대 혹은 제시석이라 불리는 석벽이 있고, 거기에는 고운의 칠언절구 둔세시遁世詩가 새겨져 있다. 정자의 이름도 그 시의 한 구절을 빌어 농산籠山이라 하게 되었다.

狂奔疊石吼重巒 광분첩석후중만   미친 물 바위 치며 산을 울리어
人語難分咫尺間 인어난분지척간   지척에서 하는 말도 분간 못하네.
常恐是非聲到耳 상공시비성도이   행여나 세상 시비 귀에 들릴까
故敎流水盡籠山 고교유수진롱산   흐르는 물 시켜 산을 감쌌네.

농산정 정자 내부. 다수의 편액들이 걸려 있다.

해인사 소리길

선조들이 걸었던 옛길인 홍류동 계곡길 6킬로미터를 복원한 길이다.

가야면에서 출발하여 무릉교를 지나 체필암洗筆岩, 음풍뢰吟風懶, 취적봉吹笛峰, 완재암宛在岩, 광풍뢰光風懶, 제월담霽月潭, 낙화담落花潭, 첩석대疊石臺를 지나 홍류동紅流洞에 다다르면 풍광이 절정에 이른다.

특히 홍류동은 고운 최치원의 시가 적힌 치원대致遠臺와 함께, 농산정籠山亭에 봄이 오면 붉게 되는 진달래와 벗꽃의 아름다움이 유별나서 옛부터 문인필객들의 발길이 끊이지 않던 곳이다. 해인사까지 이르는 6킬로미터의 홍류동 계곡길은 수려한 가야산과 홍류동 계곡의 정취를 느끼며 자신의 삶을 되돌아볼 수 있다.

소리蘇利길

'소蘇'자는 쉬다, 되돌아오다, 죽음으로부터 소생하다는 뜻이 있고 '리利'는 화합하다, 통하다의 뜻이 있다. 현상적인 소리의 의미는 우주만물이 소통하고 자연이 교감하는 생명의 소리이며 언어적으로는 극락, 천당 등 우리가 추구하며 가고자 하는 이상향을 나타낸다. 소리蘇利길은 나와 가족, 사회 민족이 화합하는 소통의 길이며 우리가 추구하는 완성된 세계를 향해 가는 깨달음의 길인 것이다.

낙화담

이형준

중앙대학교 예술대학 사진학과를 졸업하고 여행 사진가로 활동하고 있다. 전 세계 곳곳을 찾아다니며 문화와 풍물, 자연 사진을 찍고, 그곳에서 경험한 이야기를 신문, 잡지 등에 기고하는 일을 하고 있다. 해인사 세계문화유산 전시회를 비롯하여 지금까지 3번의 개인전을 열었으며, 남북 공동 기획 사진전〈백두에서 한라까지〉,〈독도〉등의 그룹전에 참가했다.
일 년 중 절반은 외국에서 보내며 20년 동안 130여 개국 1500여 곳의 도시와 유적지를 여행하였다. 펴낸 책으로는《엽서의 그림 속을 여행하다》,《바다 위의 낭만 크루즈 여행》,《유럽동화마을여행》,《세계기차여행》(공저) 등이 있다.

사진으로 보는
해인사 · 팔만대장경

초판 인쇄 2011년 9월 10일
초판 발행 2011년 9월 20일

글	법보종찰 해인사
사진	이형준
감수	종현(월간해인 편집장)
펴낸이	진영희
펴낸곳	(주)터치아트

출판등록 2005년 8월 4일 제406-2006-00063호
주소 410-380 경기도 고양시 일산동구 장항동 852, 630호
전화번호 031-949-9435 팩스 031-907-9438
전자우편 editor@touchart.co.kr

일러스트 제공 (주)안그라픽스

ISBN 978-89-92914-45-1 03600

* 책값은 뒤표지에 표시되어 있습니다.

* 이 도서의 국립중앙도서관 출판시도서목록(CIP)은
 e-CIP 홈페이지(http://www.nl.go.kr/ecip)에서
 이용하실 수 있습니다.(CIP제어번호: CIP2011003739)